W0253209

Gramm'active 3

Livre de grammaire

A2 CECR A2

CLE INTERNATIONAL

Oxford EDUCACIÓN

Sommaire

1 Voilà / C'est / Ce sont... qui

Dans les locaux de Radio Alsace.

Emma : – Hello ! **Voici** Johann. **C'est** un ancien du collège Duperrey **qui** travaille maintenant à Radio Alsace.
Bonjour Johann ! **C'est** toi **qui** animes l'émission sur les associations locales ?

Johann : – Oui c'est moi ! **C'est** aussi moi **qui** présente le journal le dimanche soir !

▶ LEÇON

• Pour présenter quelqu'un ou quelque chose, on utilise ***voici*** ou ***voilà***.

On utilise ***voici*** pour présenter une personne ou un objet proche :
Voici *mon frère Nicolas.*

On utilise ***voilà*** pour une personne ou un objet éloigné :
Voilà *mes cousins, Paul et Vincent.*

• Pour donner une précision, on peut utiliser « c'est...qui » ou « ce sont... qui » :

Voici mon frère Nicolas. ***C'est*** *lui* ***qui*** *travaille à la radio.*
Voici mes cousins. ***Ce sont*** *eux* ***qui*** *habitent en Vendée.*

Attention :

• Le verbe s'accorde avec le nom ou le pronom qui se trouve avant « qui ».

C'est moi qui prépare le gâteau. (moi = je → je prépare)
Voilà Paul et Marie. Ce sont eux qui ont acheté une maison. (eux = ils → Ils ont acheté)
Ce sont mes cousins qui font du karaté. (mes cousins = ils → Ils font du karaté)

• On ne peut pas utiliser ***ce sont*** avec « nous » et « vous ».

C'est nous qui avons gagné au loto.
C'est vous qui partez en premier.

Révision : Les pronoms toniques

Pronom sujet	Pronom tonique
je	moi
tu	toi
il	lui
elle	elle
nous	nous
vous	vous
ils	eux
elles	elles

▶ EXERCICES

1. Remets les phrases dans l'ordre.

à / habite / Nicolas / qui / Saint-Malo. / Voilà → Voilà Nicolas qui habite à Saint-Malo.

a C'est / les clés ! / ma cousine / qui / Sophie / a

____

b C'est / du pain ? / moi / qui / prends /

____

c c'est / du piano ! / Elise, / elle / joue / ma copine / qui / Voici

____

d Ce sont / la photo ? / tes / parents / posent / qui / sur

____

2. Complète avec un pronom tonique.

a Voici mes cousins, ce sont ______________ qui sont médecins.
b Voilà mon voisin, c'est ______________ qui habite à Hanoi.
c Voici ma grand-mère, c'est ______________ qui a fait le tour du monde.
d Voici Anna et Katia, ce sont ______________ qui travaillent avec moi.
e C'est ______________ qui ai préparé le gâteau !

3. *C'est* ou *Ce sont* ? Entoure la bonne réponse.

a *C'est / Ce sont* mes enfants qui ont cassé la lampe.
b *C'est / Ce sont* les Sumériens qui ont inventé l'écriture.
c *C'est / Ce sont* Alexander Graham Bell qui a inventé le téléphone.
d *C'est / Ce sont* toi qui parles chinois ?
e *C'est / Ce sont* mon oncle Sam qui habite aux États-Unis.

4. Conjugue les verbes entre parenthèses.

a C'est nous qui (préparer) ______________ le repas.
b C'est toi qui (appeler) ______________ mamie ?
c Voici Chris et Laurence. Ce sont eux qui (travailler) ______________ à Varsovie.
d Ce soir, c'est moi qui (faire) ______________ la vaisselle.

5. Présente les personnes suivantes. Parle de leurs activités (études, profession), de leurs loisirs, de ce qu'elles aiment. Utilise : *voilà – c'est... qui – ce sont ... qui.*

Voici ma sœur. C'est elle qui est avocate et qui aime le cinéma. C'est elle qui fait du judo.

a Mon meilleur ami / ma meilleure amie :

____

b Mes parents :

____

1 L'interrogation avec inversion du sujet

Journaliste : – Bonjour madame, **comment** vous appelez-vous ?
Femme : – Je m'appelle Marie Pasquier.
Journaliste : – **Où** habitez-vous ?
Femme : – J'habite à Tours, dans le quartier Béranger.
Journaliste : – **Pourquoi** habitez-vous dans ce quartier ? **Qu'**aimez-vous ?
Femme : – J'adore mon quartier ! Il y a des commerces, il est près de la gare, du centre ville. C'est assez calme aussi.

▸ LEÇON

Il existe trois types de questions :

• Les questions **sans inversion** sujet / verbe (informelles) :
Construction : sujet + verbe + pronom interrogatif.

Tu viens quand ? Tu t'appelles comment ? Elle fait quoi ?

• Les questions avec ***est-ce que*** :
Construction : pronom interrogatif + est-ce que + sujet + verbe

Quand est-ce que tu viens ? Pourquoi est-ce que tu pars ? Où est-ce que tu habites ?

• Les questions **avec inversion** sujet / verbe (formelles) :
Construction : pronom interrogatif + verbe + sujet

Quand viens-tu ?
Où vas-tu ?
Que fait-elle ?
Pourquoi avez-vous deux voitures ?

Attention :

• Quand le verbe et le sujet sont inversés, il y a un tiret **(-)** entre le verbe et le nom.

Comment allez-vous ?

• Quand ***quoi*** est avant le verbe, il devient ***que.***

Tu fais quoi ? → ***Que*** *fais-tu ?*
Tu manges quoi ? → ***Que*** *manges-tu ?*

• Devant une voyelle ***que*** devient ***qu'***.

Qu'*écoutes-tu ?* ***Qu'****achetez-vous pour dîner ?*

• Quand le verbe se termine par une voyelle et que la question est posée avec ***il / elle / on***, on ajoute un ***t***.

*Où va-****t****-elle ?*
*Que mange-****t****-il ?*
*Qui écoute-****t****-elle ?*
*Comment s'habille-****t****-on ?*

▶ EXERCICES

1. Formel ou informel ?

	F	I
Tu viens quand ?		✗
a Que regarde-t-elle ?		
b Elle fait quoi ?		
c On va où ?		
d Qui appelons-nous ?		
e Pourquoi étudiez-vous l'italien ?		

2. Transforme les questions informelles en questions formelles.

a Tu fais quoi ? ____________________
b C'est qui ? ____________________
c Tu t'appelles comment ? ____________________
d Pourquoi elle écoute la radio ? ____________________
e Tu vas où ? ____________________

3. Transforme les questions en utilisant *on*.

Qu'achetons-nous pour dîner ? Qu'achète-t-on pour dîner ?

a Qu'écoutons-nous ? ____________________
b Que mangeons-nous ce soir ? ____________________
c Que faisons-nous pour les vacances ? ____________________
d Comment nous habillons-nous pour la fête de Chloé ? ____________________
e Que prenons-nous pour le petit-déjeuner ? ____________________

4. *Que* ou *qu'* ?

a ____________________ écris-tu ?
b ____________________ fais-tu le week-end ?
c ____________________ achète-t-on pour ce soir ?
d ____________________ aimez-vous ?

5. Complète l'interview avec des questions formelles.

a ____________________ ?
Je m'appelle Pascale Ayrault.

b ____________________ ?
J'habite à Clermont-Ferrand.

c ____________________ ?
Je vais partir en vacances en juillet.

d ____________________ ?
Le week-end ? Je fais les courses, je vois des amis et je me repose.

1 Les pronoms relatifs qui et que

Juliette : – Regarde c'est Bruce Lavaine ! C'est le journaliste **qui** travaille à Radio Neptune !

Clémence : – Le journaliste **que** tu adores ?

Juliette : – Oui ! C'est lui **qui** fait des émissions **qui** parlent d'art et de littérature.

Clémence : – Et c'est lui **que** tu as rencontré à la fête d'anniversaire de ta sœur ?

Juliette : – Oui, c'est lui...

▶ LEÇON

• ***Qui*** et ***que*** sont des pronoms relatifs. On utilise les pronoms relatifs pour relier deux phrases.

*J'ai un ami. Il est acteur. → J'ai un ami **qui** est acteur.*

• ***Qui*** et ***que*** remplacent des noms ou des pronoms.

Nous avons acheté une maison. Notre maison est très ancienne.
*→ Nous avons acheté une maison **qui** est très ancienne.*

Qui remplace le sujet (répond à la question « qui ? »). *J'ai un chat **qui** parle.* « un chat » est le sujet du verbe « parler ». (Qui parle ? Mon chat)	***Que*** remplace un complément d'objet direct (COD). *Tu as écouté l'émission que j'adore ?* « l'émission » est le COD du verbe adorer. (J'adore quoi ? L'émission)
Astuce : il n'y a jamais de sujet après **qui** et il y a toujours un sujet après **que** !	

• ***Qui*** et ***que*** sont invariables (ils n'ont pas de féminin, masculin, singulier ou pluriel).

• On peut utiliser ***qui*** et ***que*** pour parler de personnes et d'objets.

*C'est le cours **que** je prends et **qui** est difficile.*
*C'est l'acteur **que** Lisa adore et **qui** est australien.*

• ***Que*** devient ***qu'*** devant une voyelle ou un « *h* » silencieux. Cela s'appelle « l'élision ».

*C'est le plat **qu'**elle préfère.*

• ***Qui*** ne fait jamais l'élision.

C'est une femme ~~qu'est~~ brillante.
*→ C'est une femme **qui** est brillante.*

▸ EXERCICES

1. Transforme les phrases. Utilise le pronom *qui*.

C'est une femme. Elle travaille avec moi. → *C'est une femme qui travaille avec moi.*

a C'est un professeur. Il est très patient. → ______________________

b Lili est une étudiante. Elle est coréenne. → ______________________

c Ce sont des amis. Ils habitent au Venezuela. → ______________________

d J'écoute une émission. Elle parle de politique. → ______________________

2. Complète avec *que* ou *qu'*.

a Le livre ______________ je lis est très intéressant.

b Le plat ______________ nous préparons est suédois.

c Le gâteau ______________ il préfère est le tiramisu.

d Regarde ! C'est la fille ______________ tu rencontres tous les matins !

3. *Qui* ou *que* ? Entoure la bonne réponse.

a RFI est la radio *qui / que* j'écoute.

b C'est le pull *qui / que* tu as eu pour ton anniversaire.

c C'est l'animateur *qui / que* travaille à Radio Neptune.

d Céline est une personne *qui / que* travaille au lycée français et *qui / que* j'aime beaucoup.

4. Relie.

a C'est un animateur qui •

b C'est un animateur que •

c C'est un animateur qu' •

• a beaucoup de talent.

• j'écoute tous les jours.

• je connais personnellement.

• on adore avec ma sœur !

• travaille pour Radio U.

5. Tu es journaliste et tu dois présenter des inventions. Propose 2 phrases pour chaque objet. Utilise *qui* et *que*.

Un stylo / lampe pour écrire dans la nuit → C'est un stylo qui permet d'écrire dans le noir. C'est un stylo que vous pouvez utiliser partout.

a Un réfrigérateur télévision pour regarder la télévision quand on cuisine →

____

____

b Un porte-clés sifflant connecté à son téléphone portable pour retrouver ses clés →

____

____

1 Le genre et le nombre des adjectifs de caractère

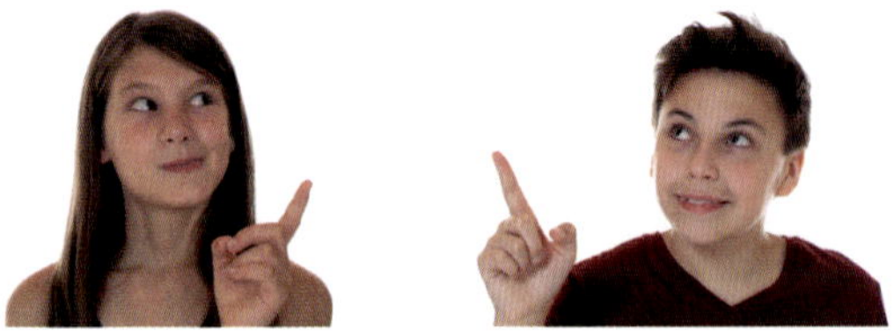

Manon et Lucas discutent du futur :

Lucas : – À ton avis, quelles sont les qualités pour être instituteur ?

Manon : – Je pense qu'il faut être **patient** et **créatif**. Ma tante est institutrice, elle est **excentrique** et très **juste** aussi.

Lucas : – J'aimerais être instituteur, mais je suis **impatient** !

Manon : – Tu es **impatient**, mais tu es aussi **travailleur**, **motivé**, **dynamique** !

▶ LEÇON

Masculin	Féminin	Règle de formation
Il est spontané. *Il est inconscient.*	*Elle est spontanée.* *Elle est inconsciente.*	***+e***
Il est bizarre.	*Elle est bizarre.*	***ne change pas***
Il est courageux.	*Elle est courageuse.*	***eux → euse***
Il est doux.	*Elle est douce.*	***oux → ouce***
Il est moqueur.	*Elle est moqueuse.*	***eur → euse***
Il est cruel.	*Elle est cruelle.*	***el → elle***
Il est gentil.	*Elle est gentille.*	***il → ille***
Il est discret.	*Elle est discrète.*	***et → ète***
Il est franc.	*Elle est franche.*	***anc → anche***

Au pluriel, les adjectifs masculins et féminins prennent un ***s*** :
*Il est bizarre. → Ils sont bizarre**s**.*

Exceptions
Au masculin, les adjectifs qui se terminent par **s** ou ***x*** au singulier ne changent pas.
Il est surpris. → Ils sont surpris. Il est joyeux. → Ils sont joyeux.

Exemples d'adjectifs (qualités et défauts) :

Qualités	Défauts
prudent	*imprudent*
courageux	*peureux*
généreux	*radin*
honnête	*malhonnête*
sincère / franc	*hypocrite*
optimiste	*pessimiste*
modeste	*prétentieux*
drôle	*sinistre*
calme / détendu	*énervé / anxieux*
travailleur	*paresseux*

▶ EXERCICES

1. Transforme au masculin.

a Elle est optimiste. → ____________________

b Elle est courageuse. → ____________________

c Elle est honnête. → ____________________

d Elle est prudente. → ____________________

e Elle est moqueuse. → ____________________

2. Entoure la bonne réponse.

a Ma sœur n'est pas hypocrite, elle est très *franc / franche*.
b Tes cousins ont peur de tout, ils ne sont pas *courageux / courageuses*.
c Mes voisines sont très *discrets / discrètes*, on ne les voit jamais.
d Vos enfants sont très *doux / douces*, c'est agréable car mes filles sont trop *actifs / actives*.

3. Accorde l'adjectif entre parenthèses.

a Marta aime travailler avec les enfants, elle est très (patient) ____________, même avec les enfants les plus (capricieux) ____________.

b Les parents de Léa sont très (strict) ____________ alors, elle est toujours (anxieux) ____________ et (stressé) ____________.

c Cette actrice est vraiment très (drôle) ____________.

4. Lis les descriptions de chaque personne et entoure l'adjectif qui correspond à leur caractère.

a Lola aime travailler avec les enfants. Elle est calme, elle ne s'énerve jamais.
Lola est *prudente* ou *patiente* ?
b Christophe n'a peur de rien ! Il part toujours à l'aventure, il aime le danger.
Est-il *courageux* ou *généreux* ?
c Alice aime faire des cadeaux. Elle aide aussi les enfants de ses voisins à faire leurs devoirs.
Alice est *courageuse* ou *généreuse* ?
d Raphaël est un garçon qui n'aime pas beaucoup travailler. Il est tout le temps fatigué.
Raphaël est *modeste* ou *paresseux* ?

5. Réponds aux questions sur ton caractère.

a Quelle est ta plus grande qualité ?

____

b Quel est ton plus gros défaut ?

____

c Quelle est la qualité que tu préfères chez tes amis ?

____

d Quel est le défaut que tu détestes chez les autres ?

____

1 La place de l'adjectif

Samuel : – Elle est comment la femme **idéale** pour toi ?

Joachim : – J'aime les **grandes** femmes, avec des yeux **clairs** et des cheveux **bruns**. J'aime aussi les femmes **intelligentes** et **drôles** ! Et toi ?

Samuel : – Pour moi, c'est une femme **curieuse** et **indépendante**.

Joachim : – Je suis d'accord avec toi ! Une femme **intelligente**, **drôle**, **curieuse**, **indépendante** ET **grande** !!!

▶ LEÇON

On place avant le nom	On place après le nom
Certains adjectifs courts et courants : *bon-beau / joli – petit – grand – vieux – jeune – autre – gros*	La plupart des adjectifs : *Un garçon* ***gai*** *– Une fille* ***bavarde***
Les adjectifs utilisés devant un nom propre : *la* ***célèbre*** *tour Eiffel*	Les adjectifs de trois syllabes et plus : *Un garçon* ***intelligent*** *Une école* ***internationale*** *Une histoire* ***magnifique***
Les adjectifs numéraux : *le premier, deuxième, troisième, dernier.* *Le* ***dernier*** *métro est à 00 h 45.* *Mon* ***premier*** *enfant s'appelle Vincent.*	Les adjectifs de nationalité : *Une histoire* ***belge*** *– Un homme* ***italien*** Les adjectifs de couleur : *Un pull* ***bleu*** *– Une voiture* ***grise*** Les adjectifs dérivés d'un verbe : *Un enfant* ***fatigué***

• Certains adjectifs changent de sens selon leur place : *ancien*, *grand*, *pauvre*.

un homme ***grand*** *= de taille élevée*
un ***grand*** *homme = un homme important*

un homme ***pauvre*** *= qui n'a pas beaucoup d'argent.*
un ***pauvre*** *homme = qui n'a pas de chance, qui est malheureux.*

• Certains adjectifs changent d'orthographe devant une voyelle :
vieux → *vieil* (arbre) beau → *bel* (arbre) nouveau → *nouvel* (arbre)

• ***des*** devient ***de*** quand l'adjectif est avant le nom :
J'ai des chaussures bleues. → J'ai ***de*** *belles chaussures bleues.*

▸ EXERCICES

1. Dis si les affirmations suivantes sont *vraies* ou *fausses*.

	Vrai	Faux
a Les adjectifs de couleur sont toujours placés après le nom.		
b « grand » peut être placé avant ou après le nom.		
c Les adjectifs de quatre syllabes ou plus sont toujours placés avant le nom.		
d « premier » peut être placé après le nom.		
e Les adjectifs courts et courants sont placés avant le nom.		
f Les adjectifs de nationalité sont toujours placés avant le nom.		

2. Entoure la bonne réponse.

a J'ai acheté une paire de chaussures *jaunes / petites*.
b J'ai de *bleus / grands* yeux.
c J'habite dans une *vieille / moderne* maison.
d Hier, j'ai pris une douche *froide / bonne*.

3. Complète avec les adjectifs entre parenthèses. Place-les au bon endroit et accorde-les.

a Hier, j'ai visité un ____________ village ____________ (joli).
b Ma ____________ amie ____________ est étudiante dans un ____________ lycée____________ (meilleur – bilingue).
c Où est mon ____________ pull ____________ (nouveau) ?
d Ma sœur est très belle, elle a de ____________ cheveux ____________ (beau).
e J'ai perdu mes ____________ boucles d'oreilles ____________ (orange).
f Regarde, c'est le ____________ Johnny Depp ____________ (beau).
g C'est un ____________ film ____________. Je l'adore ! (extraordinaire).

4. Propose une nouvelle phrase. Utilise les deux adjectifs entre parenthèses. Attention à l'accord des adjectifs !

Il mange dans un restaurant (vieux – grec). → Il mange dans un vieux restaurant grec.

a Il écrit sur la feuille (blanc - petit). ____________
b J'ai une maison (grand - rouge). ____________
c C'est un homme (beau - intelligent). ____________
d Il a des yeux (m) (petit - noir). ____________

5. Propose trois phrases sur ton apparence physique et trois phrases sur ton caractère.

J'ai les yeux bleus.
____
____
____

Je suis une personne sympathique.
____
____
____

1 Les pronoms possessifs

Mère de Marion : – C'est le sac de Nathan ?
Marion : – Oui c'est **le sien**.
Mère de Marion : – Et où est **le tien** ?
Marion : – Je ne sais pas. Peut être dans la chambre de Léa et Emma, elles rangent toujours mes affaires avec **les leurs** !

▸ LEÇON

• On utilise des pronoms pour éviter des répétitions.
Les pronoms possessifs remplacent un adjectif possessif accompagné d'un nom.

*J'ai perdu mon manteau. → J'ai perdu **le mien**.*

adjectif possessif	masculin singulier	féminin singulier	masculin pluriel	féminin pluriel
mon, ma, mes	le mien	la mienne	les miens	les miennes
ton, ta, tes	le tien	la tienne	les tiens	les tiennes
son, sa, ses	le sien	la sienne	les siens	les siennes
notre, nos	le nôtre	la nôtre	les nôtres	les nôtres
votre, vos	le vôtre	la vôtre	les vôtres	les vôtres
leur, leurs	le leur	la leur	les leurs	les leurs

• Il y a toujours un **article défini** (le / la / les) devant les pronoms possessifs.
• Comme l'adjectif possessif, le pronom possessif s'accorde avec le nom qu'il détermine.

La sœur de Sylvain → la sienne (féminin singulier)
Les enfants de Paul → les siens (masculin pluriel)

Attention :

N'oublie pas l'accent circonflexe sur le **o** de :

le n**ô**tre	le v**ô**tre
la n**ô**tre	la v**ô**tre
les n**ô**tres	les v**ô**tres

▶ EXERCICES

1. Masculin ou féminin ? Entoure la bonne réponse.

a L'appartement de Thomas est très sympa, il est entre *le mien / la mienne* et celui de sa cousine.
b Tu peux me prêter ta calculatrice ? J'ai oublié *le mien / la mienne.*
c J'ai donné mon numéro de téléphone à Alexia et elle m'a donné *le sien / la sienne.*
d C'est la voiture de tes parents ? Non, ce n'est pas *la leur / le leur.*

2. Complète avec : *notre - nos - le nôtre - les nôtres.*

a Que font vos grands-parents ? __________ grand-père est professeur d'histoire.
b Comment s'appelle ton chien ? __________ s'appelle Kiki.
c Tu aimes tes cadeaux ? Nous aimons beaucoup __________ !
d Nous avons perdu __________ clés hier soir !

3. Transforme. Remplace les mots soulignés par un pronom possessif.

J'ai perdu <u>mon téléphone</u>. → J'ai perdu le mien.

a Ma grand-mère cultive <u>son jardin</u>. __________
b Nous aimons <u>notre maison</u>. __________
c Elle fait <u>ses devoirs</u>. __________
d Tu me prêtes <u>ton cahier</u>. __________
e Elle garde <u>ton chat</u> pour les vacances. __________

4. Complète avec un pronom possessif.

Je pars en vacances avec ma famille. Et toi, tu pars avec la tienne ?

a Le père de Jordan est ingénieur et le tien ? __________ est électricien.
b Nous faisons nos courses au marché et vous ? Où faites-vous __________ ?
c Tu peux acheter un sandwich au lieu de manger __________ ?
d J'adore mon travail et elles adorent __________.

5. Compare ta famille avec la famille de tes amis. Écris un petit texte. Utilise des pronoms possessifs.

Les parents de Sophie sont très stricts, mais les miens sont plus sympas. Les siens interdisent de sortir après 18 h mais pas les miens.

____
____
____
____
____
____

1 Les pronoms démonstratifs

Au journal Jeune Hebdo, les journalistes choisissent des illustrations.

Alex : – Voilà la photo que je voudrais utiliser pour mon article.

Enzo : – Elle est bien, mais je préfère **celle-ci**. Et vous les filles, vous préférez **celle-ci** ou **celle-là** ?

Romane : – Je ne sais pas. Je pense qu'un dessin peut être plus intéressant. Vous aimez **celui-ci** ? Ou bien un de **ceux-là** ?

Carla : – Ah le dessin à droite, c'est **celui** de Paul Henson. Il est super.

▶ LEÇON

Tu connais déjà les adjectifs démonstratifs : ***ce, cette, ces.*** On les utilise pour montrer quelque chose.
Je voudrais ce pull et cette robe, s'il vous plaît.

• Le pronom démonstratif remplace un nom accompagné d'un adjectif démonstratif.
*Regarde cette robe ! Laquelle ? **Celle** à carreaux ou **celle** en coton ?*

• Les formes des pronoms démonstratifs sont simples ou composées.

Formes simples

	Masculin	Féminin
Singulier	***celui***	***celle***
Pluriel	***ceux***	***celles***

• Les formes simples sont toujours suivies d'un pronom relatif (***qui*** / ***que***) ou d'une préposition (***à*** / ***de*** / ***en***).
*Voici mon cousin Marc. **Celui qui** habite en Islande.*
*Tu aimes ce pull ? C'est **celui de** mon copain !*

Formes composées

	Masculin	Féminin
Singulier	***celui-ci*** ***celui-là***	***celle-ci*** ***celle-là***
Pluriel	***ceux-ci*** ***ceux-là***	***celles-ci*** ***celles-là***

• Les formes composées sont utilisées pour opposer ou comparer deux éléments :
ci = près et ***là*** =loin.
*J'hésite entre ces deux pulls. Tu préfères **celui-ci** ou **celui-là** ?*

Attention :
Il y a toujours un tiret **(-)** entre le pronom et **ci / là.**

▶ EXERCICES

1. Entoure la forme correcte.

a cet article-ci → celui / celui-ci / celui-là
b ces informations-là → ceux-ci / celles-ci / celles-là
c ce sujet-là → celui-ci / celui-là / ceux-là
d ces reportages-ci → ces-ci / ces-là / ceux-ci / ceux-là

2. Complète avec : *celle-ci* – *celui-ci* ou *ceux-ci*.

a J'ai acheté cette robe, mais je n'ai pas pris ______________________.
b Vous voulez prendre ces abricots ou bien ______________________ ?
c Je ne sais pas quel voyage choisir. J'aime beaucoup ______________________.

3. Relie les phrases.

a Quel CD as-tu acheté pour Zoé ? •
b J'ai perdu mes clés ! •
c Quelle carte postale tu préfères ? •
d Elisa a le choix entre deux trains. •

• Celle-là !
• Celui de Lady Gaga.
• Celui de 17 h et celui de 17 h 45.
• Celles de la maison ou celles de la voiture ?

4. Complète les phrases avec les mots de la leçon.

a Quelles photos avez-vous choisies pour l'article ? Celles-ci ou ______________________ ?
b Qui est le garçon qui a appelé hier soir ? ______________________ qui s'appelle Nick ?
c Ma chanson préférée, c'est ______________________ de Julien Doré qui s'appelle Paris-Seychelles.
d Quels sacs tu veux porter ______________________ ou ______________________ ?

5. Complète le dialogue avec les mots suivants : *celle-ci* – *celle de* – *celle-là* (2 fois) – *celle qui* – *cette*.

– Bonsoir monsieur, je cherche une chemise pour un mariage.
– Bien sûr. Alors, nous avons ______________________, de la marque Forino ou bien, ______________________ de la marque Gurci.
– Je voudrais essayer ______________________ la marque Forino, s'il vous plaît.
– Voilà monsieur. Vous désirez autre chose ?
– Oui, je voudrais aussi essayer ______________________ qui est de couleur verte. À droite des chemises Gurci.
– ______________________ chemise ?
– Oui, oui, c'est ______________________. Merci !

1 La négation : ne rien, ne plus, ne jamais, ne personne

À côté de chez moi, il y a une maison abandonnée. Il **n'**y a **personne** dedans. Il **n'**y a **plus** d'objets, il **n'**y a **plus** de meubles. Il **n'**y a **rien** à l'intérieur. Il **n'**y a **jamais** de visiteurs. Quand je vois cette maison, je me sens vraiment triste.

▶ LEÇON

Forme affirmative	Forme négative
encore *Il dort encore.* *Tu as encore des fruits.*	***ne... plus*** *Il **ne** dort **plus**.* *Tu **n'**as **plus** de fruits.* (comme avec *ne...pas*, un / une / des = **de** à la forme négative)
quelque chose *Il y a quelque chose dans le jardin.* *Je fais quelque chose ce soir.*	***ne ... rien*** *Il **n'**y a **rien** dans le jardin.* *Je **ne** fais **rien** ce soir.*
quelqu'un *Il y a quelqu'un dans la cuisine.*	***ne...personne*** *Il **n'**y a **personne** dans la cuisine.*
souvent / toujours *Je lis souvent des bandes dessinées.*	***ne... jamais*** *Je **ne** lis **jamais** de bandes dessinées.*

• Devant une voyelle (a, e, i, o, u, y) et le *h* silencieux, ne → *n'* :

• Avec ces négations, ***pas*** n'est pas utilisé.
Il n'y a personne ✓
~~*Il n'y a pas personne*~~ ✗

• Différence entre *ne...pas* et *ne...plus* :
Ne... plus indique que la situation ou l'état n'existe plus dans le présent.

Voici une photo de mon père à l'âge de 20 ans.

*Aujourd'hui, **il n'a plus** de cheveux !*

▸ EXERCICES

1. Remets les phrases dans l'ordre.

y / dans / de / frigo. / Il / lait / le / n' / plus / a → *Il n'y a plus de lait dans le frigo.*

a ce / collège. / connais / dans / Je / ne / personne → ______

b au / Basile / jamais / musée. / ne / va → ______

c ce / faisons / ne / Nous / rien / week-end. → ______

d fume / Ma / mère / ne / plus. → ______

2. Transforme la phrase à la forme négative.

a Je regarde la télévision. → ______

b Ils font le ménage. → ______

c Il y a quelqu'un dans le bureau du directeur. → ______

d Il y a quelque chose dans le sac de Louane. → ______

3. Entoure la bonne réponse.

a Joachim est malade. Il ne mange *plus / personne.*

b Ma grand-mère est à la retraite. Elle ne travaille *plus / rien.*

c Je suis seul aujourd'hui. Je ne vois *jamais / personne.*

d Il est paresseux. Il ne fait *jamais / rien* ses devoirs.

4. Complète avec : *rien – plus – jamais – personne.*

a J'ai appelé Mélanie, mais il n'y a ______ chez elle !

b Je n'ai ______ de téléphone portable.

c Ma cousine est végétarienne, elle ne mange ______ de viande.

d Il faut aller faire les courses, il n'y a ______ à manger !

5. Réponds aux questions.

a Il y a quelqu'un au bureau aujourd'hui ?

Non, ______

b Tu écoutes souvent des disques de jazz ?

Non, ______

c Vous apportez quelque chose chez Julie ?

Non, ______

d Kevin joue encore au football ?

Non, ______

1 Le présent d'habitude

Arthur Boisset, 19 ans est boxeur professionnel. Il suit un entraînement en Thaïlande et écrit à sa famille.

Bonjour à tous !
J'espère que vous allez bien.
Moi ça va. ***Tous les matins*** *je me lève à 5 h 30 pour l'entraînement. Aussi,* ***tous les jours*** *je fais 40 minutes de footing.* ***Le midi****, j'ai une petite pause de 30 minutes, c'est tout.* ***Le lundi****, et* ***le jeudi****, je fais des matchs avec mon entraîneur. Et* ***habituellement*** *le week-end, je vais à des compétitions de boxe.*
Une fois par mois*, je peux me reposer et visiter le pays !*

Bises,

Arthur

▶ LEÇON

Le temps du présent de l'indicatif a de nombreux emplois :

• action qui se déroule dans le présent :
Je mange une pomme. Je marche dans la rue.

• vérité générale :
La pomme est un fruit.

• description :
J'ai les yeux bleus.

• habitude :
Je me brosse les dents tous les jours.

Quand on utilise le présent d'habitude, on ajoute des adverbes ou des expressions pour indiquer la fréquence, la répétition.

Exemples

Le lundi, le mardi,...
Le matin, le midi, l'après-midi, le soir.
Tous les matins / midis / soirs / jours / mois / ans.
Toutes les semaines.
Tous les lundis / mardis / mercredis...
Une fois par jour / semaine / mois / an.
En général...
Habituellement...
D'habitude...

▶ EXERCICES

1. Présent d'habitude ou non ? Coche la bonne réponse.

	Oui	Non
Je regarde la télévision.		X
a Je fais du sport tous les lundis.		
b Je mange une pomme avec ma sœur.		
c En général, je me couche vers 23 h.		
d Mon frère s'appelle Vincent et il a 25 ans.		

2. Conjugue les verbes entre parenthèses au présent.

a Le lundi nous (faire) ______________________ de la danse.
b Le mardi, elles (aller) ______________________ à la piscine.
c Le mercredi soir, vous (prendre) ______________________ un cours d'anglais.
d Le week-end, je (se lever) ______________________ après 9 h.
e D'habitude, tu (être) ______________________ en retard.

3. Entoure la bonne réponse.

a *Lundi / Le lundi*, je vais au marché.
b *Général / En général*, je fais les courses au supermarché.
c *Tous les semaines / Toutes les semaines*, Nina mange chez sa grand-mère.
d Claire va chez le dentiste *deux fois par an / deux fois par lundi.*
e *Habitude / D'habitude*, je ne regarde pas la télévision.

4. Voici l'emploi du temps de Grégory. Propose des phrases sur ses habitudes.

	LUNDI	MARDI	MERCREDI	JEUDI	VENDREDI	SAMEDI
MATIN	lycée	lycée	lycée	lycée	lycée	football
APRÈS-MIDI	lycée	lycée	baby-sitting	lycée	courses	baby-sitting
SOIR	cinéma	piscine		piscine	piscine	

Grégory va à la piscine trois fois par semaine.

____

____

____

____

2 D'abord, puis, enfin

VOTEZ JULIE PALIER

Voici les propositions de Julie Palier, candidate à la mairie d'Ussel.

1. **En premier lieu**, je propose de construire plus de jardins dans la ville, pour avoir une bonne qualité de vie.
2. **Ensuite**, je voudrais aussi ouvrir le marché trois jours par semaine au lieu de deux : **d'une part**, pour aider les producteurs locaux et **d'autre part**, pour attirer les habitants des villes voisines.
3. **Finalement**, je voudrais développer les activités culturelles : par exemple des concerts ou des spectacles.

N'HÉSITEZ PAS, VOTEZ POUR MOI !

▶ LEÇON

Pour organiser son discours, on utilise ces expressions :

Pour commencer, pour donner sa première idée :	→	***En premier lieu*** ***D'abord***
Pour continuer :	→	***Et*** ***Ensuite*** ***Puis***
Pour ajouter un argument, une idée, un exemple :	→	***En deuxième lieu*** ***En plus***
Pour terminer :	→	***Enfin*** ***Finalement***
Pour opposer deux idées :	→	***D'une part*** ***D'autre part***

▸ EXERCICES

1. Complète les mots de la leçon.

a ____ i n a____ ____ m ____ ____ t

b d'____ ____ ____ ____ a r ____

c ____ ____ p____e____i e r ____ i ____ ____

d e____ p ____ ____ ____

e ____ u ____s

f ____ n ____ ____ n

2. Relie.

a D'abord, je veux aller au cinéma, •	• d'autre part, c'est mauvais pour la santé.
b D'une part, je n'aime pas le goût du café, •	• en plus il est ouvert tard tous les soirs.
c Finalement, je préfère aller au supermarché •	• pour faire mes courses.
d C'est facile de faire ses courses au supermarché, •	• puis je veux aller au restaurant avec Mathieu.

3. Remets les phrases dans l'ordre.

a D'une part, pour me reposer.
b En plus, ça fait beaucoup de travail pour le professeur aussi.
c En premier lieu, je voudrais aller en cours seulement le matin.
d En second lieu, je voudrais ne pas avoir de devoirs le soir. C'est trop fatigant.
e Et d'autre part, pour pouvoir faire d'autres activités.
f Finalement, je voudrais plus de vacances.

4. Lis cette lettre de collégien pour un nouveau gymnase. À ton tour, écris une lettre à ton proviseur pour demander une nouvelle cantine.

Monsieur le proviseur,
Je vous écris car nous avons besoin d'un nouveau gymnase au collège Rimbaud.
Nous n'avons plus de gymnase et nous devons aller faire du sport dans le collège voisin.
D'une part, ce n'est pas pratique et d'autre part, nous sommes toujours en retard après le cours de sport.
En plus, le gymnase peut servir pour les fêtes d'école et les grandes réunions.
Finalement, le sport c'est bon pour la santé !
Sincères salutations,
Quentin.

2 La cause et la conséquence

Enquêteur : – Bonjour madame, **pourquoi** faites-vous vos courses au supermarché ?

Femme : – **Parce qu'**il y a plus de choix et aussi **parce que** le supermarché est ouvert tous les jours.

Enquêteur : – Ah, alors **puisque** vous allez au supermarché, vous n'allez jamais au marché ?

Femme : – Ah si, parfois je vais au marché mais **à cause de** mon travail, je n'ai pas souvent le temps.

▶ LEÇON

- **La cause**

– Pour interroger sur la cause on utilise le pronom interrogatif ***pourquoi*** :
Pourquoi *faites-vous vos courses au supermarché ?*

– Il y a plusieurs façons de répondre :

Parce que / Car + verbe
Parce que + construction verbale *Je vais au supermarché* ***parce que*** *c'est pratique.*
Car (surtout à l'écrit) + construction verbale *Je vais au supermarché* ***car*** *c'est pratique.*

À cause de / Grâce à + nom
À cause de + nom / pronom **(cause négative)** *Nous avons perdu le match* ***à cause de*** *la pluie.*
Grâce à + nom / pronom **(cause positive)** *J'ai gagné 1000 €* ***grâce à*** *toi ! Merci !*

Attention :

– Quand la cause est connue, on utilise ***puisque*** :
Reste à la maison ***puisque*** *tu es malade !*

– ***Parce que*** et ***puisque*** + voyelle → ***parce qu'*** / ***puisqu'*** :
Je ne sors pas ***parce qu'****il pleut.* ***Puisqu'****il fait beau, tu peux sortir.*

– À cause de + le → *à cause* ***du*** / À cause de + les → *à cause* ***des*** :
J'ai pris froid à cause ***du*** *mauvais temps. J'ai pris froid à cause* ***des*** *fenêtres ouvertes.*

- **La conséquence** :

Pour exprimer la conséquence, on utilise ***alors*** :
J'ai faim ***alors*** *je mange.*
J'ai faim (cause) → je mange (conséquence)

La cause est la conséquence sont liées !

▸ EXERCICES

1. Entoure la bonne réponse.

a Je fais les courses au marché *car / à cause de* c'est à côté de chez moi.

b Je préfère aller au supermarché *parce que / grâce à* c'est moins cher.

c *Parce qu' / Puisque* tu n'aimes pas le chocolat, je vais faire une tarte au fruits.

2. *Grâce à* ou *à cause de* ?

a J'ai appris à tricoter ______________________ ma grand-mère.

b Les enfants ont mal au ventre ______________________ tous les bonbons qu'ils ont mangés.

c ______________________ notre professeur, nous parlons bien français !

3. Remets dans l'ordre ces phrases qui expriment la conséquence.

a a / alors / Elle / elle / beaucoup, / de mauvaises notes ! / ne / pas / travaille

____

b achetons / alors / au marché, / de la viande. / de poisson / Il n'y a pas / nous

____

c à la boulangerie ! / alors / Je / je / un croissant, / vais / veux

____

4. Cause ou conséquence ?

	Cause	Conséquence
a Notre école est fermée à cause de la neige.		
b Notre école est fermée alors on reste à la maison.		
c Puisque notre école est fermée, nous n'avons pas cours aujourd'hui.		

5. Complète avec : *parce qu' – à cause du – alors.*

a Elle ne travaille pas aujourd'hui ______________________ elle est malade.

b ______________________ trafic sur la route je suis en retard.

c Il n'y a pas de pommes au marché, ______________________ je prends des poires.

6. Réponds librement aux questions avec le mot entre parenthèses.

*Pourquoi tu n'as pas de voiture ? (car) → Je n'ai pas de voiture **car** je n'ai pas le permis de conduire.*

a Pourquoi étudiez-vous le français ? (parce que) ______________________

____

b Pourquoi avez-vous mal au dos ? (à cause de) ______________________

____

2 L'expression du but

Il est 7 heures, un samedi matin. « Riiiiiiiiiiiiiiiiiiiiiiing riiiiiiiiiiiiiiiiiiiiiiiiing » le réveil sonne.

Julien : – Je ne veux pas me lever tôt ! C'est le week-end !

Louise : – Mais si ! **Pour** aller au marché ce matin. Il faut partir de bonne heure !

Julien : – Ah bon ? **Pour quoi faire** ? Le marché n'est pas ouvert jusqu'à midi ?

Louise : – Si, mais on doit arriver tôt **afin de** pouvoir acheter mes produits préférés !

▸ LEÇON

• Pour exprimer le but, on utilise :

Pour + infinitif
Afin de + infinitif

Je veux faire les courses. → Je vais au supermarché.
*Je vais au supermarché **pour** faire les courses.*

Je veux savoir à quelle heure tu es libre → je t'appelle.
*Je t'appelle **afin de** savoir à quelle heure tu es libre.*

Attention :

~~Afin + infinitif~~ ou ~~pour de + infinitif~~ ne sont pas corrects.

• ***Pour / Afin de*** + verbe à l'infinitif répondent aux questions : « Pour quoi faire ? » ou « Dans quel but ? »
Dans quel but tu cours ? ***Pour** être à l'heure à l'école.*

• À la forme négative, on utilise :
– Pour / afin de + ne pas + verbe à l'infinitif
*Je parle doucement, **pour ne pas** réveiller le bébé.*
*Je me couche tôt le soir **afin de ne pas** être fatigué le matin.*

Remarque :

De → d' devant une voyelle.
*Je t'appelle **afin d'**être à l'heure.*

▶ EXERCICES

1. Complète avec : *afin – pour*.

a J'achète des légumes ______________________ faire une soupe.
b Elles ne vont jamais au supermarché ______________________ de faire des économies.
c Nous mangeons varié ______________________ d'être en bonne santé.
d Nous faisons les courses la semaine ______________________ être tranquilles le week-end !

2. Entoure la bonne réponse.

a Je quitte la maison tôt *pour / pour ne pas* être en retard.
b Elsa fait les courses sur Internet *afin d' / afin de ne pas* éviter la foule dans les magasins.
c Alice et Jimmy ont acheté une voiture *pour / pour ne pas* prendre le bus tous les jours.
d Clémence lit le journal tous les jours *afin de / afin de ne pas* rester informée.

3. Trouve les questions.

Dans quel but tu vas au collège à vélo ? Je vais au collège à vélo afin d'aller plus vite.

a ______________________ ?
Je m'entraîne tous les jours pour pouvoir participer aux Jeux Olympiques !

b ______________________ ?
Je fais mes devoirs afin d'avoir de bonnes notes.

c ______________________ ?
J'y vais pour acheter des croissants, des pains au chocolat et du pain.

d ______________________ ?
Afin de rester en bonne santé !

4. Complète les phrases librement.

Je pars en vacances pour me reposer et pour m'amuser avec ma famille.

a J'apprends le français pour ______________________
____

b Je fais du sport afin de ______________________
____

c J'ai un téléphone portable afin de ______________________
____

d J'appelle mon ami pour ______________________
____

3 Les prépositions de lieu

Elsa : – Allô Louis, c'est Elsa. C'est où le concert ce soir ?

Louis : – Salut Elsa. C'est au Nouveau Casino. C'est dans le 11ème arrondissement. À côté du métro Parmentier.

Elsa : – Ah oui, c'est au bout d'une petite rue ?

Louis : – Non, non. C'est à côté de la poste et en face d'un cinéma.

Elsa : – C'est près de la mairie ?

Louis : – Oui c'est ça ! À tout à l'heure !

▶ LEÇON

Il y a deux types de prépositions de lieu :

- Les prépositions simples :

dans, sur, sous, entre, devant, derrière, etc.

- Les prépositions composées :

en face de, à côté de, au bout de, au-dessus de, au-dessous de, à gauche de, à droite de, près de, loin de, etc.

*La lampe est **au-dessus** du bureau.*
*Le bureau est **au-dessous** de la lampe.*

– ***de*** varie quand il est employé avec les articles définis ***le*** et ***les.***
de + le = ***du***
*En face **du** collège, il y a une boulangerie.*

de + les = ***des***
*Dans la classe, il y a une plante à côté **des** fenêtres.*

– de + la / de + l' = ne change pas
J'habite au bout de la rue de la Liberté.

Attention :

Devant une voyelle de = ***d'***
*Je suis assise à gauche **d'**Elise.*

Pour poser une question sur la localisation, on utilise ***où.***
***Où** est la poste ? **Où** sont les enfants ? **Où** es-tu ?*
***Où** se trouve la gare ? **Où** se trouvent les enfants ? **Où** te trouves-tu ?*

▸ EXERCICES

1. Entoure la bonne réponse.

 1	 2	 3
a Le chat est en face de l'oiseau. **b** Le chat est au bout de l'oiseau. **c** Le chat est derrière l'oiseau.	**a** Le chat est au-dessus de l'oiseau. **b** L'oiseau est au-dessus du chat. **c** Le chat est derrière l'oiseau.	**a** L'oiseau bleu est à droite de l'oiseau rose. **b** L'oiseau bleu est à gauche de l'oiseau rose. **c** L'oiseau bleu est en face de l'oiseau rose.

2. Complète avec *du – de l' – de la – des.*

a Mon appartement est situé au bout ______________________ avenue Raymond VI.
b Nous attendons Charles près ______________________ statue de la République.
c Il y a un très bon restaurant à côté ______________________ lycée de Margot !
d Les oiseaux volent loin ______________________ chats !

3. Relie les propositions.

a Je suis en face — de le cinéma. / du cinéma. / le cinéma.

b La piscine est dans — de la rue Pradier. / la rue Pradier. / rue Pradier.

c Marie est à côté — de Pierre. / Pierre. / du Pierre.

d Nous sommes sur — de la plage. / du plage. / la plage.

4. Regarde l'image et localise les objets. Utilise : *à gauche de – près de – au-dessus de – à côté de.*

a Où se trouvent les livres ?

____

b Où se trouve la lampe ?

____

c Où se trouve la tasse ?

____

d Où se trouvent les lunettes ?

____

3 Les expressions temporelles

Léonard : – Bonjour, je voudrais m'inscrire aux cours de judo. Ils commencent quand ?
Entraîneur : – Ils commencent mardi prochain, dans deux jours.
Léonard : – Quels sont les horaires ?
Entraîneur : – Le cours du jeudi est de 19 h 30 à 21 h.
Léonard : – Merci pour les informations. À bientôt !

▸ LEÇON

- Pour parler d'**un moment précis dans le futur**, on utilise :
  – ***à + heure***
  *Rendez-vous **à 17 heures**. J'ai pris le train **à 18 heures**.*
  – ***dans + durée*** (jour, mois, minutes)
  *Je pars en vacances **dans trois jours**. Je vais au judo **dans 20 minutes**.*
  – ***le mois prochain***
  *Je viens à Paris **le mois prochain**.*
  – ***la semaine / l'année prochaine***
  *Je veux aller à New York **l'année prochaine**.*
- Pour parler d'**un moment non précis dans le futur**, on utilise :
  – ***tout de suite*** = dans quelques instants.
  – ***tout à l'heure*** = dans quelques heures, quelques minutes.
  – ***bientôt*** = dans peu de temps, mais cela peut être quelques jours.
  – ***plus tard*** = dans le futur mais on ne précise pas quand exactement.

Attention :

tout de suite, bientôt, tout à l'heure, plus tard indiquent un moment dans le futur.

Mais :

à tout de suite, à bientôt, à tout à l'heure, à plus tard sont utilisés pour dire « *au revoir* » (nous nous revoyons dans plus ou moins longtemps)
Je vais prendre ma douche tout à l'heure. ≠ Au revoir Jonathan. À tout à l'heure ! (salutation)

- Pour indiquer les étapes d'une histoire, on utilise :
  – ***D'abord***
  – ***Puis, ensuite, plus tard, après***
  – ***Enfin***
- Pour indiquer un intervalle on utilise : ***de … à***
  *Je travaille **de** mars à octobre. Je travaille **du** lundi **au** vendredi*
- Pour indiquer la fin, la limite, on utilise : ***jusqu'à***
  *Je fais du judo **jusqu'à** 20 heures.*

▶ EXERCICES

1. Complète avec : *à* ou *dans*.

a Le magasin ferme ______________________________ 40 minutes.
b Nous partons en Chine ______________________________ 15 jours !
c Sylvie travaille de 6 heures ______________________________ 14 h 30.
d Je vais me coucher ______________________________ quelques heures.

2. Classe ces propositions de la plus proche (1) à la plus éloignée dans le temps (3).

a plus tard ☐ **b** tout à l'heure ☐ **c** tout de suite ☐

3. Relie.

a Je travaille de •	• une semaine.
b Mes parents prennent le train à •	• 9 heures à 18 heures.
c Je pars en vacances dans •	• plus tard.
d Nous allons manger •	• 17 h 45.

4. Complète le message du club avec : *de... à – d'abord – enfin – bientôt – ensuite – et – jusqu'au.*

Bonjour à tous !
Bienvenue au club de football de la ville d'Asnières. Pour vous inscrire, vous devez ____________________ remplir le formulaire. ____________________ vous apportez le formulaire avec une photo ____________________ vous laissez un chèque de 14 € pour la cotisation. ____________________, si le dossier est complet, nous vous donnons votre carte de membre. Les inscriptions sont ouvertes ____ 10 h ______ 19 h ____________ 24 janvier.
À ____________________ !

5. Parle de tes projets pour le mois prochain. Utilise le futur proche et les structures suivantes : *lundi prochain – la semaine prochaine – dans trois jours – de... à – jusqu'à – bientôt.*

La semaine prochaine, je vais partir en vacances avec Julia. Nous allons visiter l'Espagne du lundi au jeudi. Bientôt, je vais m'acheter des lunettes de soleil pour les vacances.

____
____
____
____
____
____
____

4 Le passé composé avec être et avoir

Bucarest, le 21 juin

Chère Pauline,

Je suis en Roumanie avec mes parents ! **Nous sommes arrivés** la semaine dernière. C'est super ! **Nous sommes allés** dans de belles villes et **nous avons marché** dans les montagnes.

Nous avons pris beaucoup de photos, **nous avons mangé** beaucoup de spécialités locales !

À très bientôt !

Claire

▶ LEÇON

- Pour raconter des événements passés on utilise le ***passé composé***. Le verbe au passé composé comporte deux éléments :

  Le verbe ***avoir*** ou ***être*** au présent + le participe passé qui se termine par :

é pour les verbes en –er	***i pour certains verbes en –ir***
manger → **Tu as mangé** un gâteau. regarder → **J'ai regardé** la télévision. écouter → **Elle a écouté** la radio.	finir → **J'ai fini** mon exercice. sortir → **Je suis sorti** dans la rue. partir → **Il est parti** en Afrique. choisir → **On a choisi** un film.

  Autres cas :

être → **J'ai été** en France l'été dernier. avoir → **J'ai eu** une bonne note en français. ouvrir → **J'ai ouvert** la porte. faire → **J'ai fait** un gâteau.	vendre → Mon père **a vendu** sa voiture. prendre → Jordan **a pris** le métro hier soir. pouvoir → Nous **avons pu** prendre l'avion. lire → Tu **as lu** « Le Rouge et le Noir » ?

- Accord avec le verbe ***avoir***
  Quand le passé composé est formé avec ***avoir***, le participe passé ne change pas si le sujet est féminin ou pluriel.
  *Elle a **visité** la Cité Interdite. Nous avons fait du ski ensemble.*

- Accord avec le verbe ***être*** :
  Quand le passé composé est formé avec ***être***, on ajoute **–e** au participe passé si le sujet est féminin. et – **s** si le sujet est pluriel.
  *Elle est **allée** en Chine. Nous sommes **partis** en vacances avec Enzo.*

- Les verbes suivants se conjuguent avec ***être*** au passé composé :
  – aller / venir (venu) – monter / descendre (descendu) – entrer / sortir (sorti) – naître (né) / mourir (mort) – arriver – tomber – retourner – passer.
  – tous les verbes pronominaux (par exemple : se promener, se lever).

  Tous les autres verbes se conjuguent avec ***avoir***.

- La négation au passé composé se forme de la façon suivante :
  *Je suis allée en Écosse → Je **ne** suis **pas** allée en Écosse.*

▶ EXERCICES

1. Conjugue les verbes au passé composé.

Les enfants (offrir) ont offert des fleurs à leur mère.

a Julien (naître) ______________________ en 1992.
b Nous (monter) ______________________ en haut de la tour Eiffel.
C Hier, je (se lever) ______________________ à 11 h 30.
d Maud (avoir)______________________ la grippe cet hiver.

2. Transforme les phrases au féminin.

Il est allé au cinéma. → Elle est allée au cinéma.

a Il est entré dans la classe. → Elle ______________________
b Il a mangé des pâtes à midi. → Elle ______________________
c Il a écrit un article sur l'Islande. → Elle ______________________
d Ils sont tombés dans la rue. → Elles ______________________

3. Entoure la bonne réponse.

a Nous *avons regardé / nous sommes regardés* la télévision.
b Elles *ont lu / sommes lus* un livre.
c Nous *avons arrivé / sommes arrivés* hier soir.
d Tu *as pris / es pris* le train de 18 h 27 ?

4. Transforme le texte au passé composé.

Mes vacances :
Le lundi, je fais les courses. Le mardi, nous visitons les musées avec mes parents.
Le mercredi, j'achète un cadeau pour ma grand-mère. Le jeudi, mes grands-parents arrivent.
Le vendredi, nous allons au marché. Le vendredi soir, j'offre le cadeau à ma grand-mère.

Le lundi j'ai fait les courses. ______________________

4 L'imparfait

Quand **j'étais** petite, **nous habitions** dans une grande maison à la campagne. **Ma grand-mère était** avec nous.

Je ne mangeais pas de viande. **J'étais** végétarienne. **Mes parents n'étaient pas** d'accord mais **ils ne disaient** rien.

Nous faisions beaucoup de sport et **nous n'avions pas** la télévision. **Elle n'existait pas** encore.

Je jouais avec mes cousins, **je lisais** beaucoup. **J'étais** très heureuse.

▶ LEÇON

- On utilise ***l'imparfait*** pour :
  - parler d'habitudes du passé :
  L'été dernier, j'allais tous les jours à la piscine.
  - parler d'une situation passée :
  Il y a dix ans, j'avais un chien.
  - parler d'un état passé :
  Hier, après notre victoire, nous étions heureux.
  - une description dans le passé :
  Hier, il faisait beau et chaud. Il y avait beaucoup de monde dans la rue.
- Formation de l'imparfait :
  Il faut prendre le **radical** du présent à la 1ère personne du pluriel (nous) et ajouter les terminaisons suivantes :
  ai – ais – ait – ions – iez – aient.

Chanter		
Personne	**Radical**	**Terminaison**
je	chant	**ais**
tu	chant	**ais**
il / elle / on	chant	**ait**
nous	chant	**ions**
vous	chant	**iez**
ils / elles	chant	**aient**

Faire		
Personne	**Radical**	**Terminaison**
je	fais	**ais**
tu	fais	**ais**
il / elle / on	fais	**ait**
nous	fais	**ions**
vous	fais	**iez**
ils / elles	fais	**aient**

Exception :

Être → ***j'étais – tu étais – il / elle / on était – nous étions – vous étiez – ils / elles étaient***

Attention :

Manger au présent = ***nous mangeons*** → imparfait : ***je mangeais – tu mangeais – il / elle / on mangeait – ils /elles mangeaient*** mais ***nous mangions – vous mangiez (pas de e).***

▸ EXERCICES

1. Associie.

a J' •	• habitions
b Tu •	• habitais
c Il / Elle / On •	• habitiez
d Nous •	• habitais
e Vous •	• habitaient
f Ils / Elles •	• habitait

2. Présent (P) ou imparfait (I) ?

a Nous chantions		**e** Nous achetions	
b Nous faisons		**f** Vous êtes	
c Vous mangiez		**g** Nous prenons	
d Vous aviez		**h** Vous alliez	

3. Conjugue les verbes suivants à l'imparfait.

a Quand il (être) ________________ enfant, il (avoir) ______________________ les cheveux longs.

b Avant, vous (acheter) ____________________________________ beaucoup de produits japonais.

c L'année dernière, je (regarder) _________________________________ la télévision tous les soirs.

d Quand tu (avoir) ______________________ cinq ans, tu (habiter) _________________ en Irlande.

4. Transforme le texte à l'imparfait.

Aujourd'hui , il fait beau, le soleil brille. Il y a beaucoup de monde dans la rue. Les enfants jouent dans les parcs. Les parents parlent sur les bancs. Les oiseaux chantent et tout le monde a l'air heureux. C'est une belle journée.

Hier, il faisait beau ____

____

____

____

____

____

____

____

____

____

4 Les formes impersonnelles à l'imparfait

Hier en France, **il faisait beau** à Paris et dans le sud. **Il pleuvait** en Bretagne et **il y avait** des orages dans le sud-ouest. **Il fallait** prendre son parapluie ! **Il y avait** des nuages dans l'est et dans le centre de la France. Et aujourd'hui ? Quel temps va-t-il faire ?

▶ LEÇON

• On utilise **les formes impersonnelles** pour :

– une description :

Il y avait *un chat dans mon jardin.*
Il y avait *du bruit.*

– la météo :

Il faisait *chaud.*
Il y avait *du vent.*
Il neigeait.

– certains verbes comme ***neiger***, ***pleuvoir***, ***falloir***.

Il pleuvait.
Il neigeait.
Dans ces exemples, **il** n'est pas une personne.

• Ces structures n'existent qu'à la 3ème personne du singulier.

• Les formes impersonnelles existent aussi au présent :

Il pleut.
Il neige.
Il y a du vent.
Il fait beau.

▸ EXERCICES

1. Associe les propositions.

a Il faisait chaud.
b Il faisait beau.
c Il pleuvait.
d Il neigeait.

Il y avait des nuages.
Il faisait 30°C.
Il faisait froid.
Il y avait du soleil.

2. Transforme les phrases à l'imparfait.

a Il faut faire attention. ______________________________
b Il pleut en Irlande. ______________________________
c Il neige en Russie. ______________________________
d Il y a du bruit dans la rue. ______________________________

3. Complète avec les verbes suivants à l'imparfait : *avoir (2 fois) – être – faire – neiger – pleuvoir.*

Avant c' ______________ plus simple. Il y ______________ moins de pollution. Il ______________ tous les hivers et il ______________ chaud tous les étés. Il ne ______________ pas tout le temps, il n'y ______________ pas besoin de prendre un parapluie tous les jours !

4. Parle du temps qu'il faisait l'année dernière.

a ______________________________

b ______________________________

c ______________________________

d ______________________________

4 Passé composé et imparfait

Mélissa : – Alors, **c'était** bien la fête chez Sarah ?

Axel : – Oui, **c'était** génial.

Mélissa : – Et **il y avait** beaucoup de monde ?
À quelle heure vous **êtes arrivés** ?

Axel : – Nous **sommes arrivés** vers 19 h.
Il y avait environ 20 personnes.

Mélissa : – Ah, **vous étiez** nombreux !
Et **vous avez fait** quoi ?

Axel : – **On a parlé**, **on a dansé**, **on a rigolé** !
Pendant qu'**on dansait**, Sarah **a glissé** ! Quelle surprise !

▶ LEÇON

• Pour raconter au passé, on peut utiliser soit ***le passé composé*** soit ***l'imparfait***.

On utilise le passé composé pour :	On utilise l'imparfait pour :
Une suite d'actions passées : ***J'ai ouvert*** *la porte,* ***j'ai posé*** *mes affaires puis* ***j'ai mangé*** *une pomme.*	Une description dans le passé (personne, état) : *Hier,* ***il faisait*** *beau et chaud.* ***J'étais*** *contente.* *Mon grand-père* ***s'appelait*** *Antoine.*
Une action passée qui a une durée déterminée : ***J'ai fait*** *du piano pendant 5 ans.*	Un souvenir passé : *Quand* ***j'étais*** *enfant,* ***j'habitais*** *en Belgique.*
	Une habitude passée : *Avant, je* ***mangeais*** *des bonbons.*

• Souvent l'imparfait présente un décor, un contexte et le passé composé est utilisé pour parler des événements :

Hier ***il faisait beau*** *et chaud, alors* ***nous sommes allés*** *au parc.*
Il faisait beau / il faisait chaud : contexte
Nous sommes allés au parc : événement

Tu es arrivé *chez moi, pendant que* ***je faisais*** *la sieste.*
Je faisais la sieste : contexte
Tu es arrivé : événement

• Le passé composé peut aussi interrompre la situation à l'imparfait.

Avant, je mangeais des bonbons et un jour j'ai vu un reportage sur les dangers du sucre et j'ai arrêté.
Le passé composé (j'ai vu un reportage, j'ai arrêté) vient interrompre la situation passée à l'imparfait (je mangeais des bonbons). Maintenant je ne mange plus de bonbons.

On peut utiliser : ***un jour***, ***une fois***, ***soudain***, ***tout à coup*** pour introduire cette rupture.

▶ EXERCICES

1. Relie les questions et les réponses.

a Pourquoi tu n'as pas fait tes devoirs ? •
b Pourquoi tu as arrêté les leçons de guitare ? •
c Pourquoi tu n'es pas allé en cours aujourd'hui ? •

• Parce que j'étais malade.
• Parce que je n'aimais pas le professeur.
• Parce que je n'avais pas ma trousse.

2. Entoure la bonne réponse.

Quand Boris *venait / est venu* en France, il *avait / a eu* vingt ans. *Il ne parlait pas / Il n'a pas parlé* français, alors *il prenait / il a pris* des cours pour apprendre la langue. Aujourd'hui, il parle couramment français.

3. Complète les textes avec un verbe au passé composé ou à l'imparfait.

a Quand Gaëlle (être) ______________________ enfant, elle (habiter) ______________________ à la campagne. Un jour son père (trouver) ______________________ un emploi en ville et ils (déménager) ______________________ .

b Hier, je (aller) ______________________ à la piscine. J' (nager) ______________________ pendant deux heures ! Après, j' (être) ______________________ très fatiguée, alors j' (faire) ______________________ une sieste.

4. Écris un souvenir de fête au passé. Utilise les éléments ci-dessous.

Situation : le lieu (chez Nicolas), la date (le 14 juillet), la météo (beau et chaud), le nombre de personnes (10), l'ambiance (super, personnes joyeuses, bonne musique).

Événements : arriver à 19 h – prendre un verre de soda – manger des gâteaux – rigoler avec les amis – parler des cours – danser avec Natacha – tomber par terre – partir à 23 h – se coucher à une heure du matin.

____

____

____

____

____

____

____

____

____

____

____

5 *Le futur simple*

Poissons Vous aurez beaucoup de chance cette semaine. Vos amis vous appelleront pour vous proposer une sortie. Acceptez !

Balance Votre famille sera très importante pour vous cette semaine. Lundi ou samedi, un cousin vous appellera pour vous annoncer une grande nouvelle !

Sagittaire Côté cœur, les célibataires tomberont amoureux cette semaine. En couple, vous profiterez de moments en amoureux !

▶ LEÇON

• On utilise le ***futur simple*** pour faire des **prévisions** (horoscope, météo), des **projets dans le futur** ou pour **donner un programme.**

*Quand **j'aurai** 18 ans, **je passerai** mon permis de conduire.*
***Vous vivrez** longtemps !*
*Ce soir, **il fera** chaud.*

• Le futur simple se forme de la façon suivante :
Infinitif + ai / as / a / ons / ez / ont

Regarder	
Je ***regarderai*** Tu ***regarderas*** Il / Elle / On ***regardera***	Nous ***regarderons*** Vous ***regarderez*** Ils / Elles ***regarderont***

Attention :

On supprime le **e** final des infinitifs qui se terminent en ***e***.
Vivre = vivr + ai /as /a /ons /ez /ont → ***Je vivrai***
Prendre = prendr + ai /as /a /ons /ez /ont → Nous ***prendrons***

Quelques verbes irréguliers au futur simple :

Être → ***Je serai***	Faire → ***Je ferai***	Pouvoir → ***Je pourrai***	Savoir → ***Je saurai***	Devoir → ***Je devrai***
Avoir → ***J'aurai***	Aller → ***J'irai***	Venir → ***Je viendrai***	Voir → ***Je verrai***	Pleuvoir → ***Il pleuvra***

▸ EXERCICES

1. Complète la grille de mots croisés. Conjugue les verbes au futur simple.

1 Être : *Nous...*
2 Faire : *On....*
3 Avoir : *Vous...*
4 Aller : *Ils...*
5 Venir : *Tu...*
6 Savoir : *Elle...*
7 Voir : *Il...*

2. Transforme les phrases au futur.

a Je vois un match de football. → ____________________
b Nous savons parler français. → ____________________
c Elle vient chez toi pour dîner. → ____________________

3. Complète au futur le programme de l'excursion à la Mer de Glace. Conjugue les verbes entre parenthèses.

Nous (partir) ____________ à 10 h. Nous (réserver) ____________ un taxi pour Chamonix. Nous (être) ____________ à la Mer de Glace vers 12 h. Nous (manger) ____________ là-bas et ensuite nous (aller) ____________ visiter le glacier. Nous (prendre) ____________ des photos. Nous (devoir) ____________ prendre des vêtements bien chauds.

4. Complète avec : *aller – avoir – être – parler – pouvoir* au futur.

En 2099, on ____________ tous voler. Les gens ____________ la même langue. On ____________ des maisons sous l'eau et les gens ____________ en vacances sur Mars. Je ne ____________ pas là pour voir ça, dommage !

5. Écris l'horoscope des signes astrologiques suivants. Utilise le futur simple.

Capricorne : aller au travail en bus – voir un ami d'enfance – parler avec cet ami – tomber amoureux.

Cette semaine, ____________________

____

____

Lion : avoir une belle surprise – gagner au loto – partir en vacances – être heureux.

Cette année, ____________________

____

____

5 Les pronoms complément d'objet direct

Lou et Pia jouent à la postière.

Lou : – Alors, tu **la** signes, tu **la** fermes, tu **l'**emmènes à la poste et tu **l'**envoies...
Pia : – Mais tu parles de quoi ?
Lou : – De la lettre pour mamie !
Pia : – Ah oui ! Tu **m'**accompagnes à la poste ?

▶ LEÇON

• On utilise ***les pronoms compléments*** pour ne pas répéter un nom complément.

	Singulier		Pluriel	
	Masculin	**Féminin**	**Masculin**	**Féminin**
1ère personne	**me, m'**		**nous**	
2ème personne	**te, t'**		**vous**	
3ème personne	**le, l'**	**la, l'**	**les**	

• Les pronoms compléments sont en général devant le verbe.
J'écoute la radio. → *Je **l'**écoute.*
Je faisais la vaisselle. → *Je **la** faisais.*

Remarque :

Au futur proche, la construction est différente.
Je vais faire la vaisselle. → *Je vais **la** faire.*

• Les pronoms compléments directs remplacent un nom de personne ou de chose et répondent à la question : ***qui ?*** ou ***quoi ?***
*Je **le** connais.* → *Tu connais qui ? (Franck)*
*Je **l'**achète.* → *Tu achètes quoi ? (le pull)*

• La forme négative :
*Je **le** regarde.* → *Je ne **le** regarde pas.*
*Je **l'**ai trouvé.* → *Je ne **l'**ai pas trouvé.*

Attention :

• Avec *aimer, détester, connaître* : ***le, la, l'*** et ***les*** indiquent des personnes.
*Tu aimes Nadia ? Oui je **l'**aime.*
*Tu détestes Paul ? Oui je **le** déteste.*

• On utilise ***ça*** pour les objets.
*Tu aimes le chocolat ? Oui j'aime **ça**.*
*Tu détestes les fleurs ? Oui, je déteste **ça**.*

• Devant s une voyelle ou un ***h*** silencieux, ***me, te, le, la*** deviennent ***m', t', l'***.

▶ EXERCICES

1. On parle de qui ou de quoi ? Associe les propositions.

a On les ouvre le matin. •	• les étoiles
b On les voit la nuit. •	• la pomme
c On les entend le 14 juillet. •	• les yeux
d Blanche Neige la mange dans le conte. •	• les feux d'artifice

2. Entoure la bonne réponse. Aide-toi des mots soulignés.

a Voici ma cousine ! Tu *me / le / la* connais ?
b Voici les clés de chez moi, je *me / la / les* pose sur la table.
c Je ne lis jamais l'horoscope ! Et toi, tu *me / te / le* lis ?
d Ma grand-mère a perdu son chien. Elle *m' / t' / s' / l'* aimait beaucoup.

3. Complète les prévisions de l'astrologue.

a Vous allez trouver une bague, vous ____________ trouverez un matin dans la rue.
b Un homme ____________ demandera de ____________ aider.
c Des enfants vous aideront à porter vos affaires, vous ____________ remercierez.
d Je vous demanderai 50 € et vous ____________ donnerez 100 € !

4. Transforme et utilise les pronoms complément d'objet direct.

Je vais chercher mon manteau. → Je vais le chercher.

a J'appelle mes cousins. → ____________
b J'achète le gâteau de Léo. → ____________
c Je fais le ménage. → ____________
d Je range ma chambre. → ____________
e Je lis les journaux étrangers. → ____________

5. Réponds aux questions en utilisant : *le – la – l' – ça*.

a Tu connais Madonna ?

____

b Tu regardes la télévision ?

____

c Tu aimes le fromage ?

____

d Tu lis ton horoscope tous les jours ?

____

5 Les pronoms complément d'objet indirect

Manon : – Ma mère a vu une voyante la semaine dernière et elle **lui** a annoncé un grand voyage !
Roxane : – Quelle chance ! Tu penses que c'est vrai ?
Manon : – J'espère ! Elle **lui** a même donné la date, le 24 mai ! Ma mère **m'**a promis de **m'**emmener !
Roxane : – Et tes sœurs ?
Manon : – On **leur** apportera des cadeaux !

▸ LEÇON

• On utilise les pronoms indirects pour remplacer un nom de personne précédé de la préposition ***à***.
*La voyante a dit **à** ma mère de partir en vacances.* → *La voyante **lui** a dit de partir en vacances.*

• Les pronoms indirects répondent à la question « ***À qui*** ? » et ne remplacent donc jamais des noms d'objets.
La voyante a dit à qui ? À ma mère → Elle lui a dit.

	Singulier	**Pluriel**
1ère personne	**me, m'**	**nous**
2ème personne	**te, t'**	**vous**
3ème personne	**lui**	**leur**

• Comme les pronoms directs, les pronoms indirects sont en général placés **avant le verbe.**
• Les pronoms complément indirect n'ont pas de masculin ou féminin.
• Voici des verbes qui sont construits avec ***à*** : ***parler à***, ***dire à***, ***raconter à***, ***téléphoner à***, ***écrire à***, ***répondre à***, ***demander à***, ***poser des questions à***.

*Je **parle** à mon frère.* → *Je **lui** parle.*

Attention :

On dit « téléphoner ***à*** quelqu'un » mais « appeler quelqu'un ».

• D'autres verbes courants sont construits avec ***à*** : ***plaire à***, ***ressembler à***, ***manquer à***.

Tu plais beaucoup à Olivia. → *Tu **lui** plais beaucoup.*
Elle ressemble à ses parents. → *Elle **leur** ressemble.*

Remarque :

Avec le verbe ***penser***, on dit :
Je pense à Baptiste. → *Je pense **à lui**.*

▶ EXERCICES

1. Transforme avec un pronom complément indirect à partir des mots soulignés.

J'offre un cadeau à ma sœur. → Je lui offre un cadeau.

a Je réponds à mon professeur. → ____________________

b Je souhaite un bon anniversaire à Mia. → ____________________

c Je parle souvent à mes amis. → ____________________

2. Trouve les questions.

Est-ce que tu téléphones à tes parents ? Oui, je leur téléphone tous les jeudis. (leur = tes parents)

a ____________________ ?

Oui, je lui ai parlé ce midi. (lui = Alexia)

b ____________________ ?

Non, je ne lui écris jamais. (lui = ton professeur)

c ____________________ ?

Oui, elle lui plaît. (lui = Cédric)

3. Entoure la bonne réponse.

a J'écris une lettre à mes cousines. Je *les / leur* raconte mes vacances.
b J'achète un sandwich et je *le / leur* mange directement.
c Où est Marie ? Je ne *la / lui* vois pas !
d J'aime beaucoup mon grand-père, je *l' / lui* appelle tous les dimanches.

4. Nora est une nouvelle étudiante qui vient d'arriver au collège. Voici une liste de choses que tu peux faire pour l'accueillir. Réécris ces phrases en utilisant des pronoms indirects.

~~Je présente mes amis à Nora~~ – Je parle à Nora pendant la récréation – Je pose des questions à Nora – Je propose à Nora de venir chez moi – Je pense à Nora pour aller au cinéma.

Je lui présente mes amis.

____

____

____

____

____

____

____

6 D'accord / Pas d'accord

Lucie : – On va voir quoi au ciné ce soir ?
Jeanne : – **Qu'est-ce que tu penses d'**un film policier ?
Lucie : – Ah non, **j'ai horreur des** films policiers. Je n'aime **pas non plus** les films d'aventure !
Jeanne : – **Moi non plus** ! **Je crois que** le dernier Astérix est **pas mal**.
Lucie : – Alors on va le voir !

▶ LEÇON

• Pour demander un avis, on utilise :

Qu'est-ce que tu penses de + nom → ***Qu'est-ce que tu penses du sport ?***
Qu'est-ce que tu penses de + infinitif + nom → ***Qu'est-ce que tu penses*** *de faire du sport ?*

• Pour donner une opinion générale, on utilise :

Je crois que + construction verbale → ***Je crois que*** *le tabac est dangereux pour la santé.*
Je pense que + construction verbale → ***Je pense que*** *les transports en commun sont très pratiques.*
Pour moi, + construction verbale → ***Pour moi****, il est important d'étudier les langues étrangères.*

• Pour exprimer son accord et donner un avis positif, on utilise :

– ***Je suis d'accord avec*** + *pronom*
Je suis d'accord avec toi.

– ***Moi aussi*** (pour une phrase affirmative)
Il déteste le pop-corn. Moi aussi.

– ***Je suis pour*** + *nom*
Je suis pour la liberté.

– ***Je suis d'accord avec*** + *prénom / nom*
Je suis d'accord avec Marie.

– ***Moi non plus*** (pour une phrase négative)
Il n'aime pas le pop-corn. Moi non plus.

– ***Ça me plaît. C'est pas mal.***
Voyager, ça me plaît, c'est pas mal.

• Pour exprimer son désaccord et donner un avis négatif, on utilise :

– ***Je ne suis pas d'accord avec*** + *pronom*
Je ne suis pas d'accord avec toi.

– ***Pas moi*** (pour une phrase affirmative)
Il déteste le pop-corn. Pas moi.

– ***Je suis contre*** + *nom*
Je suis contre le racisme.

– ***J'ai horreur de*** + *infinitif*
J'ai horreur de courir.
– ***C'est nul !***

– ***Je ne suis pas d'accord avec*** + *prénom / nom*
Je ne suis pas d'accord avec Marie.

– ***Moi si*** (pour une phrase négative)
Il n'aime pas le pop-corn. Moi si.

– ***J'ai horreur de*** (du, de la, de l', des) + *nom*
J'ai horreur des chiens.

▶ EXERCICES

1. Avis positif (P) ou négatif (N) ? Coche la bonne réponse.

	P	N
a J'ai horreur des animaux.		
b Je pense que ce film est nul.		
c Je suis pour 2 mois de vacances par an.		
d Ce livre est pas mal.		

2. Relie.

a Je pense •
b Je suis pour •
c Pour moi, •

• il doit être interdit de fumer dans les lieux publics.
• qu'il doit être interdit de fumer dans les lieux publics.
• l'interdiction de fumer dans les lieux publics.

3. Entoure la bonne réponse.

a – J'adore le chocolat ! Et toi ?
– Pas moi. *J'adore ça aussi. / Je déteste ça !*
b – Je n'aime pas les films d'horreur et toi ?
– Moi non plus. *C'est très effrayant. / C'est mon genre préféré.*
c – Je déteste les comédies romantiques, et toi ?
– Moi aussi. *C'est totalement nul. / Ce sont mes films préférés.*
d - Je ne lis jamais de bande dessinée. Et toi ?
– Moi si. *J'adore ça. / Je déteste ça.*

4. Exprime ton accord ou ton désaccord.

Elle aime les romans policiers. (accord) → Moi aussi.

a Tu aimes les films de science-fiction (désaccord). ____________________
b Vous détestez le dernier tome de Harry Potter (accord) ?____________________
c Elles n'aiment pas les comédies (accord). ____________________
d Tu n'aimes pas les bandes dessinées (désaccord) ? ____________________

5. Complète le dialogue avec : *Je pense qu' – Je suis d'accord – Moi aussi – Pour moi – tu penses du.*

– Qu'est-ce que ____________________ dernier film de Spielberg ?
– Je n'ai pas aimé !
– J'ai horreur de ses films. ____________________, c'est un mauvais réalisateur.
– ____________ ____________________avec toi. ____________________ il devrait arrêter le cinéma !
– ____________________ !

6 La comparaison

Achetez le nouveau téléphone ***Almastar 417*** !

✓ Il est **plus** élégant que le modèle précédent !

✓ Il est **moins** cher que les autres téléphones !

✓ Il est **aussi** performant qu'un ordinateur !

C'EST LE MEILLEUR TÉLÉPHONE DU MONDE !

▶ LEÇON

• ***Les comparatifs*** servent à comparer des éléments et se forment de la façon suivante :

plus / aussi / moins + adjectif + que

+	*Ce téléphone est **plus** élégant **que** les autres.*
=	*Ce téléphone est **aussi** performant **que** les autres.*
-	*Ce téléphone est **moins** cher **que** les autres.*

Exception :

On ne peut pas dire « ~~plus bon~~ », il faut utiliser ***meilleur***.
*Mon gâteau est **meilleur que** le tien* (+).

Rappel : devant une voyelle **que** devient **qu'.**
*Je suis plus vieux **qu'**Alex.*

• **Les superlatifs** expriment la supériorité ou l'infériorité d'un élément par rapport à d'autres.
Ils se forment de la façon suivante :

Article défini (le, la, l', les) + plus / moins + adjectif + de

Il y a 10 élèves dans la classe. Maria est **plus forte que** *tous les autres élèves, c'est* ***la plus forte de*** *la classe.*

Attention :

Avec le superlatif, il faut respecter la place de l'adjectif :
Adjectif placé avant le nom : un beau garçon → C'est **le plus beau** garçon **de** la classe.
Adjectif placé après le nom : un garçon intelligent → C'est le garçon **le plus intelligent de** la classe.

Exceptions :

Les formes de **bon** et **mauvais** sont irrégulières au superlatif.
*C'est **le meilleur** livre du monde.* (bon)
*C'est **le pire** livre du monde.* (mauvais)

▶ EXERCICES

1. Complète avec : *moins qu' - plus que - aussi qu'*.

a L'hiver, il fait ______________ froid ______________ l'été.
b Une vache est ______________ grosse ______________ un éléphant.
c Un kilo de carottes est ______________ lourd ______________ un kilo de salade.

2. Qui est ton professeur préféré ? Entoure la bonne réponse.

Je préfère notre professeur d'histoire. C'est le professeur *plus / le plus* jeune du collège.
Il est *plus / le plus* sympa que les autres professeurs et ses devoirs sont *moins / les moins* difficiles que ceux des autres. Ses leçons sont *plus / les plus* intéressantes que celles de Madame Rousseau. Pour moi, c'est *meilleur / le meilleur* prof !

3. Compare le premier item avec le deuxième. Utilise les adjectifs entre parenthèses, pense à faire l'accord.

Chloé : 1 m 60 – Sonia : 1 m 55 (grand) → Chloé est plus grande que Sonia. / Sonia est moins grande que Chloé.

a Le pull bleu : 35 € – Le pull rouge : 35 € (cher) → ______________

____

b La moto de Nicolas : 130 km / heure - La voiture de Paul : 200 km / heure (rapide) → ______________

____

c La souris : 30 grammes – La girafe : 800 kilos (léger) → ______________

____

4. Transforme la phrase en utilisant un superlatif.

Mon gâteau est meilleur que les autres gâteaux. → C'est le meilleur gâteau de tous !

a Mon chat est moins intelligent que tous les autres chats.
C'est ______________
b Ce film est plus mauvais que tous les autres films de 2015.
C'est ______________
c Mes parents sont multimillionnaires. Ils sont plus riches que tout le monde.
Ce sont ______________

5. Tu préfères les vacances au bord de la mer ou à la campagne ? Utilise les comparatifs et les superlatifs et aide-toi des structures des pages 22-23 et 46-47.

Je préfère la campagne. D'abord, la plage c'est plus cher. En plus, les personnes sont moins sympathiques. Pour moi, les vacances à la campagne sont les plus intéressantes !

____

____

____

____

7 La quantité

Ah, ça ne va pas du tout !!!
Il y a **trop de** sel ! Vous avez mis **combien** de kilos de sel ???
Et il n'y a **pas assez** d'épices
C'est fade ! Ajoutez **un peu de** curry ou de paprika !

▸ LEÇON

Pour interroger sur la quantité on utilise ***combien***.

*Il y a **combien** d'œufs et de sucre dans la recette ?*
*Tu as invité **combien** de personnes ce soir ?*

• On peut répondre par un chiffre ou une quantité précise.

Il y a 4 œufs et ½ kilo de sucre.
J'ai invité 15 personnes.

• On peut exprimer une quantité globale mais non précise.

*Il y a **beaucoup d'**œufs.* (++++)
*Il y a **peu d'**œufs.* (+)

• On peut exprimer une opinion sur la quantité.
Exemple avec une recette qui nécessite 400 g de farine :

J'utilise 200 g de farine. → *Il n'y a **pas assez** de farine.*
J'utilise 500 g de farine. → *Il y a **trop** de farine.*
J'utilise 400 g de farine. → *Il y a **assez** de farine.*

Toutes ces expressions sont suivies de ***de***.

Il y a du sucre → Il y a ***beaucoup de*** sucre. (~~il y a beaucoup du sucre~~)

▸ EXERCICES

1. Complète avec : *beaucoup de – peu de – pas de.*

a Je suis végétarien, je ne mange ______________________________ viande.
b Je connais ____________________ personnes étrangères : j'ai cinq amis coréens, deux copines tunisiennes, quatre amis chinois, un ami anglais et deux copains mexicains !
c Je ne peux pas rester avec toi. J'ai ____________________ temps avant mon train.

2. Remets les phrases dans l'ordre.

a aliments / assez d' / bonbons / et / mangeons / Nous / pas / sains. / trop de

____

b connais / hongrois. / Je / parlent / personnes / peu de / qui

____

c à / de / Il y a / la piscine. / monde / trop

____

d beaucoup / C'est / de / fête, / feux d'artifices. / il y a / la

____

3. Entoure la bonne réponse.

a J'ai mal au ventre car •
- • j'ai mangé assez de chocolat.
- • j'ai mangé trop de chocolat.

b Cet homme est riche, •
- • il a beaucoup d'argent.
- • il n'a pas assez d'argent.

c Je ne connais personne dans cette ville, •
- • j'ai peu d'amis.
- • j'ai trop d'amis.

4. Parle de tes habitudes alimentaires. Réponds aux questions avec : *trop de – pas assez de – beaucoup de – peu de – pas de – assez de.*

a Tu manges de la viande ? ______________________________

____

b Tu bois assez d'eau chaque jour ? ______________________________

____

c Tu manges équilibré ? ______________________________

____

d Tu manges des bonbons ? ______________________________

____

7 Les unités de mesure

Recette des crêpes

Ingrédients :
- **500 grammes de** farine
- 4 œufs
- **2 cuillères à soupe d'**huile
- **50 grammes de** beurre fondu
- **½ litre de** lait
- **1 pincée de** sel

Instructions :
Dans un saladier verser la farine et le sel, puis rajouter les œufs, mélanger et ajouter l'huile. Enfin, rajouter le lait et bien mélanger. Laisser reposer 1 heure, votre pâte est prête.

▶ LEÇON

• Pour indiquer une quantité précise d'ingrédients liquides, on utilise :

un litre ***une bouteille*** ***un verre*** ***une tasse*** ***un bol***	→	de lait d'eau de jus d'orange de vin de café de thé d'huile de soupe

• Pour d'autres ingrédients, on utilise :

un gramme / ***un kilo*** { de farine / de sucre

une tranche { de jambon / de pain

• Et aussi :

une part de gâteau
un pot de confiture
une tablette de chocolat
une poignée de bonbons

une pincée de sel
une boîte d'allumettes / de céréales
un bol de céréales

• Devant une voyelle ou un *h* silencieux, ***de*** devient ***d'***.
*Une bouteille **d'**eau*

• On utilise **de / d'** même si le nom qui est défini est pluriel.
*Une boîte **d'**allumettes*
*Un kilo **de** pommes de terre.*

▶ EXERCICES

1. Relie.

a un litre •	• de confiture	**c** une tranche •	• de farine
b un pot •	• de lait	**d** un kilo •	• de jambon

2. Entoure la bonne réponse.

a Une pincée *du sucre / de sucre / sucre.*
b Un verre *d'eau / de l'eau / eau.*
c Une tranche *gâteau / le gâteau / de gâteau.*
d Un kilo *la farine / de la farine / de farine.*

3. Complète avec : *de – d'– du – de la – des.*

a Je voudrais un peu ____________ sucre, deux cents grammes ______________ chocolat et un kilo ____________ farine.
b J'ai acheté ____________ confiture, ____________ lait et une boîte ____________ allumettes.
c Tu veux une part ____________ gâteau au chocolat ?
d J'aime manger ________________ frites avec beaucoup______________ ketchup et une pincée __________ sel.
e J'ai trouvé ________________ pommes et une poignée _________________noix dans le jardin.

4. Transforme à la forme négative.

J'achète une boîte d'allumettes. Je n'achète pas de boîte d'allumettes.

a Je cherche une bouteille d'eau.

____

b J'ai mangé une tablette de chocolat.

____

c J'ai trouvé un pot de confiture.

____

d Je veux une part de gâteau.

____

5. Écris ta recette préférée comme dans la leçon. Donne les ingrédients et les quantités.

400 grammes de farine

____
____
____
____
____
____

Corrigés des exercices

P. 5. 1. a C'est ma cousine Sophie qui a les clés ! b C'est moi qui prends du pain ? c Voici ma copine Elise, c'est elle qui joue du piano. d Ce sont tes parents qui posent sur la photo ? // **2.** a eux b lui c elle d elles e moi // **3.** a Ce sont b Ce sont c C'est d C'est e C'est // **4.** a préparons c appelles c travaillent d fais // **5.** Suggestions : a Voici mon meilleur ami. C'est lui qui étudie le russe au collège. C'est lui qui a un chien. b Voici mes parents. Ce sont eux qui parlent chinois. Ce sont eux qui vont au cinéma le week-end.

P. 7. 1. a F b I c I d F e F // **2.** a Que fais-tu ? b Qui est-ce ? c Comment t'appelles-tu ? d Pourquoi écoute-t-elle la radio ? e Où vas-tu ? // **3.** a Qu'écoute-t-on ? b Que mange-t-on ? c Que fait-on pour les vacances ? d Comment s'habille-t-on pour la fête de Chloé ? e Que prend-on pour le petit-déjeuner ? // **4.** a Qu' b Que c Qu' d Qu' // **5.** a Comment vous appelez-vous ? / Comment t'appelles-tu ? b Où habitez-vous ? / Où habites-tu ? c Quand partez-vous en vacances ? / Quand pars-tu en vacances ? / Que faites-vous en juillet ? d Que faites-vous le week-end ? Que fais-tu le week-end ?

P. 9. 1. a C'est un professeur qui est très patient. b Lili est une étudiante qui est coréenne. c Ce sont des amis qui habitent au Venezuela. d J'écoute une émission qui parle de politique. // **2.** a que b que c qu' e que // **3.** a que b que c qui d qui // **4.** a a beaucoup de talent. / qui travaille pour Radio U. / b j'écoute tous les jours. / je connais personnellement. c on adore avec ma sœur ! // **5.** a C'est un réfrigérateur qui est très moderne. C'est un réfrigérateur qui permet de regarder la télévision quand on cuisine. C'est un objet que j'aime beaucoup. b C'est un porte-clés qui siffle. C'est un porte-clés qui est connecté à votre téléphone portable. C'est un porte-clé que j'utilise pour retrouver mon portable.

P. 11. 1. a Il est optimiste. b Il est courageux. c Il est honnête. d Il est prudent. e Il est moqueur. // **2.** a franche b courageux c discrètes d doux - actives // **3.** a patiente - capricieux b stricts - anxieuse - stressée c drôle // **4.** a patiente b courageux c généreuse d paresseux // **5.** Suggestion : a Je suis courageux / drôle / intelligent / patient / généreux. b Je suis paresseux / capricieux / méchant / radin c J'aime les amis honnêtes et généreux d Je déteste les personnes hypocrites et cruelles.

P. 13. 1. a vrai b vrai c faux d faux e vrai f faux // **2.** a jaunes b grands c vieille d froide // **3.** a J'ai visité un joli village. b Ma meilleure amie est étudiante dans un lycée bilingue. c Où est mon nouveau pull ? d Ma sœur est très belle, elle a de beaux cheveux. e J'ai perdu mes boucles d'oreilles orange. f Regarde, c'est le beau Johnny Depp. g C'est un film extraordinaire. // **4.** a Il écrit sur la petite feuille blanche. b J'ai une grande maison rouge. c C'est un bel homme intelligent. d Il a de petits yeux noirs. // **5.** Suggestion : Je suis une grande fille mince. J'ai les cheveux longs et bouclés. J'ai les yeux noirs. / Je suis une personne timide. Je suis une personne généreuse. J'ai un bon caractère.

P. 15. 1. a le mien b la mienne c le sien d la leur // **2.** a Notre b Le nôtre c les nôtres d nos // **3.** a Ma grand-mère cultive le sien. b Nous aimons la nôtre. c Elle fait les siens. d Tu me prêtes le tien. e Elle garde le tien pour les vacances. // **4.** a Le mien b les vôtres c le mien d le leur // **5.** Suggestion : Mes parents sont très sympas mais les parents de Léa sont ennuyeux. Les miens vont au cinéma et les siens restent toujours à la maison. Ma famille est ouverte et la sienne est triste.

P. 17. 1. a celui-ci b celles-là c celui-là d ceux-ci // **2.** a celle-ci b ceux-ci c celui-ci // **3.** a Celui de Lady Gaga. b Celles de la maison ou celles de la voiture ? c Celle-là ! d Celui de 17 h et celui de 17 h 45. // **4.** a celles-là b Celui c celle d celui-ci - celui-là // **5.** celle-ci - celle-là - celle - celle - cette - celle-là.

P. 19. 1. a Je ne connais personne dans ce collège. b Basile ne va jamais au musée. c Nous ne faisons rien ce week-end. d Ma mère ne fume plus. // **2.** a Je ne regarde pas la télévision. b Ils ne font pas le ménage. c Il n'y a personne dans le bureau du directeur. d Il n'y a rien dans le sac de Louane. // **3.** a plus b plus c personne d jamais // **4.** a personne b plus c jamais d rien // **5.** a Non, il n'y a personne. b Non, je n'écoute jamais de disques de jazz. c Non, nous n'apportons rien chez Julie. / Non, je n'apporte rien chez Julie. d Non, il ne joue plus au football.

P. 21. 1. a oui b non c oui d non // **2.** a faisons b vont c prenez d me lève e es // **3.** a Le lundi b En général c Toutes les semaines d deux fois par an e D'habitude // **4.** Suggestion : Grégory va au lycée tous les matins sauf le week-end. Il fait du baby-sitting deux fois par semaine. Il fait les courses le vendredi. Il fait du football le samedi matin.

P. 23. 1.a finalement b d'une part c en premier lieu d en plus e puis f enfin // **2.** a puis je veux aller au restaurant avec Mathieu. b d'autre part, c'est mauvais pour la santé. c pour faire mes courses. d en plus il est ouvert tous les soirs. // **3.** 1 c 2 a 3 e 4 d 5 b 6 f // **4.** Suggestion : Monsieur le proviseur, nous voulons une nouvelle cantine pour notre collège. D'abord, parce que la cantine actuelle est vieille et en mauvais état. En plus, elle est trop petite et le choix des plats est trop réduit. Enfin, le collège voisin a une nouvelle cantine alors pourquoi pas nous ?

P. 25. 1. a car b parce que c Puisque // **2.** a grâce à b à cause de c grâce à // **3.** a Elle ne travaille pas beaucoup alors elle a de mauvaises notes. b Il n'y a pas de poisson au marché alors nous achetons de la viande. c Je veux un croissant alors je vais à la boulangerie. // **4.** a cause b conséquence c cause // **5.** a parce qu' b À cause du d alors // **6.** Suggestion : a J'étudie le français parce que je voudrais habiter en France. b J'ai mal au dos à cause du déménagement de mon cousin.

P. 27. 1. a pour b afin c afin d pour // **2.** a pour ne pas b afin d' c pour ne pas d afin de // **3.** a Tu t'entraînes tous les jours pour quoi faire ? b Dans quel but tu fais tes devoirs ? c Tu vas à la boulangerie pour quoi faire ? d Tu fais du sport dans quel but ? // **4.** Suggestions : a pouvoir voyager / aller vivre en France / trouver un bon travail b rester en forme / me muscler / ne pas grossir c pouvoir appeler mes amis / écouter de la musique / envoyer des sms d organiser une sortie / aller chez lui.

P. 29. 1. 1 a - 2 b - 3 b // **2. a** de l' **b** de la **c** du **d** des // **3. a** du cinéma. **b** la rue Pradier. **c** de Pierre. **d** la plage. // **4. a** Les livres se trouvent au-dessus du calendrier. **b** La lampe est à gauche de l'ordinateur. **c** La tasse est près de la souris de l'ordinateur. **d** Les lunettes sont à côté du pot à crayons.

P. 31. 1. a dans **b** dans **c** à **d** dans // **2.** 1 c 2 b 3 a // **3. a** 9 heures à 18 heures. **b** 17h45 **c** une semaine. **d** plus tard. // **4.** d'abord - Ensuite - et - Enfin - de - à - bientôt // **5.** Suggestion : La semaine prochaine, je suis en vacances ! Alors, lundi prochain, je vais aller jouer au tennis avec Loïs. Je vais faire une sieste aussi, tous les jours de 14 heures à 15 heures. Et le soir, je vais regarder la télévision jusqu'à minuit !

P. 33. 1. a est né **b** sommes monté(e)s **c** me suis levé(e) **d** a eu // **2. a** Elle est entrée dans la classe. **b** Elle a mangé des pâtes à midi. **c** Elle a écrit un article sur l'Islande. **d** Elles sont tombées dans la rue. // **3. a** avons regardé **b** ont lu **c** sommes arrivés **d** as pris // **4. a** Le lundi j'ai fait les courses. Le mardi, nous avons visité les musées avec mes parents. Le mercredi j'ai acheté un cadeau pour ma grand-mère. Le jeudi mes parents sont arrivés. Le vendredi, nous sommes allés au marché. Le vendredi soir, j'ai offert le cadeau à ma grand-mère.

P. 35. 1. a J'habitais **b** Tu habitais **c** Il / Elle / On habitait **d** Nous habitions **e** Vous habitiez **f** Ils / Elles habitaient // **2. a** I **- b** P **- c** I **- d** I **- e** I **- f** P **- g** P **- h** I // **3. a** était - avait **b** achetiez **c** regardais **d** avais - habitais // **4.** Hier, il faisait beau, le soleil brillait. Il y avait beaucoup de monde dans la rue. Les enfants jouaient dans les parcs. Les parents parlaient sur les bancs. Les oiseaux chantaient et tout le monde avait l'air heureux. C'était une belle journée.

P. 37. 1. a Il faisait 30°C. **b** Il y avait du soleil. **c** Il y avait des nuages. **d** Il faisait froid. // **2. a** Il fallait faire attention. **b** Il pleuvait en Irlande. **c** Il neigeait en Russie. **d** Il y avait du bruit dans la rue. // **3.** était - avait - neigeait - faisait - pleuvait - avait // **4. a** Il neigeait. **b** Il faisait beau. Il y avait du soleil. **c** Il pleuvait. **d** Il y avait des nuages.

P. 39. 1. a Parce que je n'avais pas ma trousse. **b** Parce que je n'aimais pas le professeur. **c** Parce que j'étais malade. // **2.** est venu - avait - ne parlait pas - a pris // **3. a** était - habitait - a trouvé - ont déménagé **b** suis allée - ai nagé - étais - ai fait // **4.** Suggestion : La fête était chez Nicolas. C'était le 14 juillet. Il faisait beau et chaud. Je suis arrivé à 19 heures. J'ai pris un verre de soda. Il y avait environ dix personnes. J'ai mangé des gâteaux et j'ai rigolé avec mes amis. Nous avons parlé des cours, mais la musique était très bonne, alors j'ai dansé avec Natacha. Nous sommes tombés par terre ! Tout le monde était joyeux ! C'était super ! Je suis parti à 23 heures et je me suis couché à une heure du matin.

P. 41. 1. 1 (Nous) serons - 2 (On) fera - 3 (Vous) aurez - 4 (Ils) iront - 5 (Tu) viendras - 6 (Elle) saura - 7 (Il) verra // **2. a** Je verrai un match de football. **b** Nous saurons parler français. **c** Elle viendra chez toi pour dîner. // **3.** Nous partirons - nous réserverons - nous serons - nous mangerons - nous irons - nous prendrons - nous devrons // **4.** pourra - parleront - aura - iront - serai // **5.** Suggestion : Capricorne : Cette semaine, vous irez au travail en bus. Dans le bus, vous verrez un ami d'enfance. Vous parlerez avec cet ami et vous tomberez amoureux ! Lion : Cette année vous aurez une belle surprise. Vous gagnerez au loto. Vous partirez en vacances, vous serez heureux !

P. 43. 1. a les yeux **b** les étoiles **c** les feux d'artifice **d** la pomme // **2. a** la **b** les **c** le **d** l'. // **3. a** la **b** vous - l' **c** les **d** me // **4. a** Je les appelle. **b** Je l'achète. **c** Je le fais. **d** Je la range. **e** Je les lis. // **5. a** Oui, je la connais. / Non, je ne la connais pas. **b** Oui, je la regarde. / Non, je ne la regarde pas. **c** Oui, j'aime ça. / Non, je n'aime pas ça. **d** Oui, je le lis tous les jours. / Non, je ne le lis pas.

P. 45. 1. a Je lui réponds. **b** Je lui souhaite un bon anniversaire. **c** Je leur parle souvent. // **2. a** Tu as parlé à Alexia ? **c** Tu écris à ton professeur ? **d** Elle plaît à Cédric ? // **3. a** leur **b** le **c** la **d** l'. // **4.** Je lui parle pendant la récréation. Je lui pose des questions. Je lui propose de venir chez moi. Je pense à elle pour aller au cinéma.

P. 47. 1. a N **b** N **c** P **d** P // **2. a** qu'il doit être interdit… **b** l'interdiction… **c** il doit être interdit… // **3. a** Je déteste ça ! **b** C'est très effrayant. **c** C'est totalement nul. **d** J'adore ça. // **4. a** Pas moi. **b** Moi auss.i **c** Moi non plus. **d** Moi si. // **5. a** tu penses du **b** Pour moi **c** Je suis d'accord **d** Je pense qu' **e** Moi aussi

P. 49. 1. a plus froid que **b** moins grosse qu' **c** aussi lourd qu' // **2.** le plus - plus - moins - plus - le meilleur // **3. a** Le pull bleu est aussi cher que le pull rouge. **b** La moto de Nicolas est moins rapide que la voiture de Paul. / La voiture de Paul est plus rapide que la moto de Nicolas. **c** La souris est plus légère que la girafe. / La girafe est moins légère que la souris. // **4. a** C'est le chat le moins intelligent. **b** C'est le plus mauvais film de 2015. **c** Ce sont les parents les plus riches du monde ! // **5.** Suggestion : Les vacances à la plage sont plus amusantes, en plus il fait plus chaud et plus beau. Le temps est vraiment meilleur à la mer qu'à la campagne.

P. 51. 1. a pas de **b** beaucoup de **c** peu de // **2. a** Nous mangeons trop de bonbons et pas assez d'aliments sains. **b** Je connais peu de personnes qui parlent hongrois. **c** Il y a trop de monde à la piscine. **d** C'est la fête, il y a beaucoup de feux d'artifices. // **3. a** j'ai mangé trop de chocolat. **b** il a beaucoup d'argent. **c** j'ai peu d'amis. // **4. a** Suggestion : Je mange beaucoup de viande. / Je mange peu de viande. **b** Je bois beaucoup d'eau chaque jour. / Je ne bois pas assez d'eau par jour. **c** Je ne mange pas équilibré, je mange trop de viande et de produits sucrés. Je ne mange pas assez de légumes. **d** Je ne mange pas beaucoup de bonbons. Pour moi, il y a trop de produits chimiques dans les bonbons.

P. 53. 1. a de lait **b** de confiture **c** de jambon **d** de farine // **2. a** de **b** d' **c** de **d** de / de // **3. a** de - de - de - **b** de la - du - d' **c** de **d** des - de - de **e** des - de // **4. a** Je ne cherche pas de bouteille d'eau. **b** Je n'ai pas mangé de tablette de chocolat. **c** Je n'ai pas trouvé de pot de confiture. **d** Je ne veux pas de part de gâteau. // **5.** Suggestion : Recette du gâteau au chocolat. Ingrédients : 200 grammes de chocolat - 4 œufs - 125 grammes de beurre - 100 grammes de farine. Instructions : Préchauffer le four à 180°C. Faire fondre le chocolat. Ajouter le beurre. Mélanger les œufs et le sucre puis la farine dans un saladier. Verser le chocolat et mélanger. Verser dans un moule beurré et fariné. Faire cuire environ entre 20 minutes.

OXFORD
UNIVERSITY PRESS

Oxford University Press est un département de l'Université d'Oxford. En tant que partie intégrante de cette institution, il promeut l'objectif d'excellence dans la recherche et l'éducation grâce à ses publications dans le monde entier. Oxford et Oxford Educación sont des marques déposées d'Oxford University Press.

Publié en Espagne par
Oxford University Press España S. A.
Parque Empresarial San Fernando, Edificio Atenas
28830 San Fernando de Henares (Madrid)

ISBN : 978-84-673-9573-0
Dépôt légal : M-12889-2015
Imprimé en China

AUTEUR
Anne-Cécile Couderc

PHOTOGRAPHIES
Fotolia (**p.4 :** WavebreakmediaMicro ; **p.6 :** Daniel Ernst ; **p.8 :** michaeljung ; **p.10 :** Markus Mainka ; **p.12 :** Gstudio Group ; **p.13 :** mrswilkins ; **p.14 :** Ljupco Smokovski ; **p.16 :** william87 ; **p.18 :** photlook, pio3, wernerimages ; **p.19 :** goldencow_images ; **p.20 :** Minerva Studio ; **p.22 :** PackShot ; **p.24 :** Jaimie Duplass ; **p.26 :** Sabphoto ; **p.28 :** theerapol ; **p.29 :** St22 ; **p.30 :** alephcomol ; **p.32 :** michelle7623 ; **p.33 :** puckillustrations ; **p.34 :** photophonie ; **p.36 :** He2, freeskyline ; **p.37 :** Colorlife ; **p.38 :** Anna Khomulo ; **p.40 :** scusi ; **p.42 :** Natalia Chircova ; **p.44 :** Kzenon ; **p.46 :** Lisa F. Young ; **p.48 :** peshkova ; **p.50 :** jackfrog ; **p.52 :** Grafvision).